PICKWICK PAPERS
Cuentos de las memorias del Club Pickwick

HUNTED DOWN
Cazado

No. 1 BRANCH LINE: THE SIGNALMAN
Ramal número 1: El guardavías

Versión española:
B. Montuenga

ROBERT L. STEVENSON

PROVIDENCE AND THE GUITAR
La providencia y la guitarra

Versión española:
María Alfaro

textos bilingües

Alhambra

Primera edición, 1985
Reimpresión, 1989

España:
28001 Madrid. Claudio Coello, 76

México:
03100 México, D. F.
Editorial Alhambra Mexicana, S. A. de C. V.
Amores, 2027. Colonia del Valle

Delegaciones en España:
08008 Barcelona. Enrique Granados, 46
08014 Bilbao. Iruña, 12
15005 La Coruña. Pasadizo de Pernas, 13
18009 Granada. Pza. de las Descalzas, 2
28002 Madrid. Saturnino Calleja, 1
33013 Oviedo. Alejandro Casona, 22
35003 Las Palmas. Tomás Morales, 48
38004 Santa Cruz de Tenerife. General Porlier, 14
41012 Sevilla. Reina Mercedes, 35
46003 Valencia. Cabillers, 5
47013 Valladolid. Julio Ruiz de Alda, 10
36201 Vigo. Canceleiro, 22
50005 Zaragoza. Concepción Arenal, 25

Distribuidor exclusivo en Argentina:
Distribuidora Yenny
Avda. Rivadavia, 3860
1.204 Buenos Aires

nc 08800049

ISBN 84-205-1107-2

Depósito legal: M. 12502-1989

Cubierta: Antonio Tello
Composición: Selecciones Gráficas
Papel: Kanguros
Encuadernación: Gómez Pinto, S. A.

Impreso en España - Printed in Spain

Selecciones Gráficas - Carretera de Irún, km. 11,500 - Madrid (1989)

SHORT STORIES FROM
THE PICKWICK PAPERS

HUNTED DOWN

No. 1 BRANCH LINE: THE SIGNALMAN

PROVIDENCE AND THE GUITAR

INDICE

Short Stories from the Pickwick Papers

THE STROLLER'S TALE

'There is nothing of the marvellous in what I am going to relate,' said the dismal man: 'there is nothing even uncommon in it. Want and sickness are too common in many stations of life to deserve more notice than is usually bestowed on the most ordinary vicissitudes of human nature. I have thrown these few notes together, because the subject of them was well known to me for many years. I traced his progress downwards, step by step, until at last he reached that excess of destitution from which he never rose again.

The man of whom I speak was a low pantomime actor; and, like many people of his class, an habitual drunkard. In his better days, before he had become enfeebled by dissipation and emaciated by disease, he had been in the receipt of a good salary, which, if he had been careful and prudent, he might have continued to receive for some years—not many; because these men either die early, or by unnaturally taxing their bodily energies, lose, prematurely, those physical powers on which alone they can depend for subsistence. His besetting sin gained so fast upon him, however, that it was found impossible to employ him in the situations in which he really was useful to the theatre. The public-house had a fascination for him which he could not resist. Neglected disease and hopeless poverty were as certain to be his portion as death itself, if he persevered in the same course; yet he *did* persevere, and the result may be guessed. He could obtain no engagement, and he wanted bread.

EL CUENTO DEL VAGABUNDO

—No hay nada de fabuloso en lo que voy a contar—dijo el hombre lúgubre—; ni siquiera hay en ello nada de extraordinario. La indigencia y la enfermedad son harto comunes en muchos estamentos sociales para que merezcan mayor atención que la que normalmente se concede a las vicisitudes más corrientes de la naturaleza humana. He reunido estos pocos recuerdos porque el protagonista de los mismos me fue bien conocido durante muchos años. Seguí su declinar paso a paso, hasta que alcanzó por fin ese estado de absoluta miseria del que nunca volvió a salir.

El hombre de quien hablo era un cómico de baja categoría; y, como muchos de su clase, un borracho empedernido. En días mejores, antes de verse debilitado por la disipación y extenuado por la enfermedad, percibía un buen salario, que si hubiera sido precavido y prudente, podía haber seguido disfrutando durante algunos años..., no muchos; porque estos hombres o mueren prematuramente o, por abusar sin medida de sus energías corporales, pierden, antes de tiempo, aquellas facultades físicas de las que dependen exclusivamente para subsistir. Mas su vicio dominante hizo presa en él con rapidez tal, que se reveló imposible que lo utilizaran en las situaciones en que resultaba de verdadera utilidad para el teatro. La taberna ejercía sobre él una fascinación contra la que era incapaz de luchar. La enfermedad desatendida y la miseria sin esperanza serían su premio, tan cierto como la propia muerte, de perseverar en el mismo camino; ahora bien, perseveró, y el resultado puede adivinarse. Llegó a quedarse sin ser contratado, y a faltarle el pan.

Everybody who is at all acquainted with theatrical matters knows what a host of shabby, poverty-stricken men hang about the stage of a large establishment—not regularly engaged actors, but ballet people, procession men, tumblers, and so forth, who are taken on during the run of a pantomime, or an Easter piece, and are then discharged, until the production of some heavy spectable occasions a new demand for their services. To this mode of life the man was compelled to resort; and taking the chair every night, at some low theatrical house, at once put him in possession of a few more shillings weekly, and enabled him to gratify his old propensity. Even this resource shortly failed him; his irregularities were too great to admit of his earning the wretched pittance he might thus have procured, and he was actually reduced to a state bordering on starvation, only procuring a trifle occasionally by borrowing it of some old companion, or by obtaining an appearance at one or other of the commonest of the minor theatres; and when he did earn anything it was spent in the old way.

'About this time, and when he had been existing for upwards of a year no one knew how, I had a short engagement at one of the theatres on the Surrey side of the water, and here I saw this man, whom I had lost sight of for some time; for I had been travelling in the provinces, and he had been skulking in the lanes and alleys of London. I was dressed to leave the house, and was crossing the stage on my way out, when he tapped me on the shoulder. Never shall I forget the repulsive sight that met my eye when I turned round. He was dressed for the pantomime, in all the absurdity of a clown's costume. The spectral figures in the Dance of Death, the most frightful shapes that the ablest painter ever portrayed on canvas, never presented an appearance half so ghastly. His bloated body and shrunken

Cualquiera que esté algo familiarizado con asuntos del teatro se halla al corriente de la multitud de individuos desharrapados y míseros que pululan en torno al escenario de una gran empresa; no se trata de actores normalmente contratados, sino de comparsas del cuerpo de baile, figurantes, saltimbanquis y así sucesivamente, que se toman mientras se representa una pantomima o una pieza de Pascua, y se les despide luego, hasta que el montaje de una obra de gran espectáculo da origen a nueva demanda de su colaboración. A esta clase de vida se vio reducido nuestro hombre; y asumiendo el puesto de jefe de la claque todas las noches, en algún teatrucho, púsolo en seguida en posesión de unos cuantos chelines semanales, lo que le permitía satisfacer su vieja inclinación. Pero incluso este recurso le faltó pronto; sus irregularidades eran demasiado grandes para que pudiera seguir ganando la mísera pitanza que podía haber obtenido; y de hecho se vio reducido a una situación que bordeaba la inanición, consiguiendo apenas una futesa de vez en cuando mediante un préstamo de algún viejo compañero, o un puesto en alguno de los teatros de más ínfima categoría; y cuando ganaba algo, se lo gastaba de acuerdo con su antigua costumbre.

Hacia esta época, y cuando él llevaba algo más de un año subsistiendo nadie sabía cómo, conseguí un contrato breve en uno de los teatros del lado de Surrey del río, y allí vi a nuestro hombre, de quien no sabía nada hacía algún tiempo; pues yo había estado viajando en provincias, mientras él merodeaba por las callejas y callejuelas de Londres. Estaba yo ya vestido para marcharme del teatro, y cruzaba el escenario dirigiéndome a la salida, cuando me tocó en el hombro. Jamás olvidaré el repulsivo espectáculo que se ofreció a mis ojos al volverme. Estaba vestido para la pantomima, con cuanto de absurdo tiene la indumentaria del payaso. Las figuras espectrales de la Danza de la Muerte, las formas más espantosas que el pintor más capacitado haya jamás reflejado

legs—their deformity enhanced a hundredfold by the fantastic dress—the glass eyes, contrasting fearfully with the thick white paint with which the face was besmeared; the grotesquely-ornamented head and the long skinny hands, rubbed with white chalk—all gave him a hideous and unnatural appearance, of which no description could conveny an adequate idea, and which, to this day, I shudder to think of. His voice was hollow and tremulous as he took me aside, and in broken words recounted a long catalogue of sickness and privations, terminating as usual with an urgent request for the loan of a trifling sum of money. I put a few shillings in his hand, and as I turned away I heard the roar of laughter which followed his first tumble on the stage.

A few nights afterwards, a boy put a dirty scrap of paper in my hand, on which were scrawled a few words in pencil, intimating that the man was dangerously ill, and begging me, after the performance, to see him at his lodgings in some street—I forget the name of it now—at no great distance from the theatre. I promised to comply, as soon as I could get away; and after the curtain fell, sallied forth on my melancholy errand.

It was late, for I had been playing in the last piece; and, as it was a benefit night, the performances had been protracted to an unusual length. It was a dark, cold night, with a chill, damp wind, which blew the rain heavily against the windows and house-fronts. Pools of water had collected in the narrow and little-frequented streets, and as many of the thinly-scattered oil-lamps had been blown out by the violence of the wind, the walk was not only a comfortless, but most uncertain one. I had fortunately taken the right course, however, and succeeded, after a little difficulty, in find-

en la tela, no ofrecieron nunca una apariencia ni la mitad de nauseabunda. Su cuerpo abotagado y sus piernas contrahechas —el fantástico ropaje aumentaba cien veces su deformidad—, los ojos vidriosos, que contrastaban de manera espantosa con la gruesa capa de pintura blanca que embadurnaba la cara; la cabeza adornada grotescamente y las largas y flacas manos, blanqueadas con yeso, todo le prestaba un aspecto repugnante y extraño, del que no podría dar cabal idea ninguna descripción, y cuyo recuerdo me hace todavía estremecer. Su voz era cavernosa y trémula cuando me llevó aparte, y con palabras entrecortadas me hizo una larga exposición de enfermedades y privaciones, que terminó, como era su costumbre, con un apremiante requerimiento del préstamo de una pequeña cantidad de dinero. Le puse en la mano unos chelines, y mientras me alejaba oí la carcajada que producía su primer volteo en el escenario.

Unas noches después, un chico me puso en la mano un sucio trozo de papel, en el que habían sido garabateadas a lápiz unas cuantas palabras, anunciándome que el hombre estaba gravemente enfermo, y donde se me rogaba que, después de la representación, acudiera a verlo en su alojamiento de cierta calle—he olvidado su nombre—a no mucha distancia del teatro. Prometí atender la petición, tan pronto como pudiera salir; y cuando cayó el telón, me puse en camino para cumplir la triste misión.

Era tarde, pues yo había actuado en el último cuadro; y, como era una noche de beneficio, la representación se había prolongado excesivamente. Era una noche oscura y fría, y soplaba un viento helado y húmedo, que lanzaba con fuerza la lluvia contra las ventanas y las fachadas. En las angostas y poco frecuentadas calles se habían formado charcos, y como la mayoría de los escasos faroles de aceite se habían apagado por la violencia del viento, el paseo no sólo resultaba incómodo, sino muy incierto. Afortunadamente había tomado el camino acertado, y tras alguna dificultad logré

ing the house to which I had been directed—a coal-shed, with one storey above it, in the back room of which lay the object of my search.

A wretched-looking woman, the man's wife, met me on the stairs, and, telling me that he had just fallen into a kind of doze, led me softly in, and placed a chair for me at the bedside. The sick man was lying with his face turned towards the wall; and as he took no heed of my presence, I had leisure to observe the place in which I found myself.

He was lying on an old bedstead, which turned up during the day. The tattered remains of a checked curtain were drawn round the bed's head, to exclude the wind, which, however, made its way into the comfortless room through the numerous chinks in the door, and blew it to and fro every instant. There was a low cincer fire in a rusty, unfixed grate; and an old three-cornered stained table, with some medicine bottles, a broken glass, and a few other domestic articles, was drawn out before it. A little child was sleeping on a temporary bed which had been made for it on the floor, and the woman sat on a chair by its side. There were a couple of shelves, with a few plates and cups and saucers; and a pair of stage shoes and a couple of foils hung beneath them. With the exception of little-heaps of rags and bundless which had been carelessly thrown into the corners of the room, these were the only things in the apartment.

I had time to note these little particulars, and to mark the heavy breathing and feverish startings of the sick man, before he was aware of my presence. In the restless attempts to procure some easy resting-place for his head, he tossed his hand out of the bed, and it fell on mine. He started up, and stared eagerly in my face.

'Mr. Hutley, John,' said his wife; 'Mr. Hutley, that you sent for to-night, you know.'

'Ah!' said the invalid, passing his hand across his fore-

localizar la casa adonde me habían enviado, un almacén de carbones, con una planta encima, en cuya habitación del fondo se encontraba el objeto de mi búsqueda.

Una mujer de aspecto mísero, la esposa de mi hombre, salió a mi encuentro en la escalera y, mientras me explicaba que acababa de sumirse en una especie de sopor, me introdujo sin ruido, y dispuso una silla para mí junto a la cama. El enfermo estaba echado con el rostro vuelto hacia la pared, y como no advirtió mi presencia, tuve ocasión de examinar el lugar donde me encontraba.

Yacía en una vieja cama que se levantaba sobre la pared durante el día. Los andrajosos restos de una cortina de cuadros se extendían en torno de la cabecera de la cama, para protegerla del viento, que, no obstante, penetraba en la poco acogedora estancia por las numerosas rendijas de la puerta, y los agitaba constantemente. En una hornilla portátil y herrumbrosa había un fuego ínfimo de escoria de carbón; y una vieja y grasienta mesa de tres esquinas, con algunos frascos de medicinas, un vaso roto y otros varios enseres domésticos, estaba junto a la lumbre. Un niño dormía en un lecho provisional dispuesto para él en el suelo, y la mujer estaba sentada en una silla a su lado. Había un par de estantes con unos cuantos platos, tazas y platillos, y debajo colgaba un par de zapatos de teatro y un par de floretes. Salvo pequeños montones de andrajos y rebujos, arrojados descuidadamente en los rincones, era lo único que había en el cuarto.

Tuve tiempo de observar estos pequeños detalles y de fijarme en la fatigosa respiración y los febriles sobresaltos del enfermo antes de que él advirtiera mi presencia. En medio de los inquietos intentos que realizaba para encontrar acomodo a la cabeza, sacó la mano de la cama, y fue a dar en la mía. Se sobresaltó, y me miró anhelante.

—Juan, es el señor Hutley—dijo la mujer—. El señor Hutley, a quien has mandado llamar esta noche, ya sabes.

—¡Ah! —dijo el enfermo, pasándose la mano por la fren-

head; 'Hutley—Hutley—let me see.' He seemed endeavouring to collect his thoughts for a few seconds, and then grasping me tightly by the wrist said, 'Don't leave me—don't leave me, old fellow. She'll murder me; I know she will.'

'Has he been long so?' said I, addressing his weeping wife.

'Since yesterday night,' she replied. 'John, John, don't you know me?'

'Don't let her come near me,' said the man, with a shudder, as she stopped over him. 'Drive her away; I can't bear her near me.' He stared wildly at her, with a look of deadly apprehension, and then whispered in my ear, 'I beat her, Jem; I beat her yesterday, and many times before. I have starved her and the boy too; and now I am weak and helpless, Jem, she'll murder me for it; I know she will. If you'd seen her cry, as I have, you'd know it too. Keep her off.'

He relaxed his grasp, and sank back exhausted on the pillow.

I knew but too well what all this meant. If I could have entertained any doubt of it, for an instant, one glance at the woman's pale face would have sufficiently explained the real state of the case.

'You had better stand aside,' said I to the poor creature. 'You can do him no good. Perhaps he will be calmer, if he does not see you.'

She retired out of the man's sight. He opened his eyes after a few seconds, and looked anxiously around.

'Is she gone?' he eagerly inquired.

'Yes—yes,' said I; 'she shall not hurt you.'

'I'll tell you what, Jem,' said the man, in a low voice, 'she *does* hurt me. There's something in her eyes that wakes such a dreadful fear in my heart, that it drives me mad. All last night, her large, staring eyes and pale face were close

te—. Hutley... Hutley..., déjame pensar—. Pareció esforzarse durante unos momentos en recoger sus pensamientos, y luego, cogiéndome fuertemente de la muñeca, dijo: —No te vayas, no te vayas, amigo mío. Me matará; estoy seguro de que me matará.

—¿Lleva así mucho tiempo?—pregunté a la esposa, que lloraba.

—Desde ayer por la noche—repuso ella—, Juan, Juan, ¿no me conoces?

—No la dejes que se me acerque—dijo el enfermo, estremeciéndose, al inclinarse ella sobre él—. Echala de aquí; no puedo sufrirla a mi lado—. La miró ferozmente, con un gesto de mortal temor, y luego murmuró en mi oído: —La he pegado, Jem; la pegué ayer, y otras muchas veces. La he matado de hambre, a ella y también al niño; y ahora, que estoy débil e indefenso, me matará; sé que lo hará. Si la hubieras visto como yo llorar, también tú estarías seguro de ello. Apártala.

Me soltó la mano, y agotadas sus fuerzas, se hundió en la almohada.

Comprendía yo perfectamente lo que esto significaba. Si por un instante hubiera abrigado la menor duda, una mirada al pálido rostro de la mujer habría bastado para explicar suficientemente la verdadera situación del asunto.

—Lo mejor será que se mantenga usted apartada—le dije a la pobre mujer—. Ningún bien puede usted hacerle. Tal vez se tranquilice algo si no la ve a usted.

Ella se apartó de la vista del hombre, el cual, habiendo abierto poco después los ojos, miró en torno con ansiedad.

—¿Se ha ido?—preguntó afanosamente.

—Sí..., sí; no te hará ningún daño.

—Yo te lo diré, Jem—dijo el hombre en voz baja—; es cierto que me hiere. Hay en sus ojos algo que empavorece de tal modo mi alma, que me vuelve loco. Durante toda la noche pasada sus grandes ojos inquisidores y su pálido

to mine; wherever I turned, they turned; and whenever I started up from my sleep, she was at the bedside looking at me.' He drew me closer to him, as he said in a deep alarmed whisper, 'Jem, she must be an evil spirit—a devil! Hush! I know she is. If she had been a woman she would have died long ago. No woman could have borne what she has.'

I sickened at the thought of the long course of cruelty and neglect which must have occurred to produce such an impression on such a man. I could say nothing in reply; for who could offer hope, or consolation, to the abject being before me?

I sat there for upwards of two hours, during which time he tossed about, murmuring exclamations of pain or impatience, restlessly throwing his arms here and there, and turning constantly from side to side. At length he fell into that state of partial unconsciousness, in which the mind wanders uneasily from scene to scene, and from place to place, without the control of reason, but still without being able to divest itself of an indescribable sense of present suffering. Finding from his incoherent wanderings that this was the case, and knowing that in all probability the fever would not grow immediately worse, I left him, promising his miserable wife that I would repeat my visit next evening, and, if necessary, sit up with the patient during the night.

I kept my promise. The last four-and-twenty hours had produced a frightful alteration. The eyes, though deeply sunk and heavy, shone with a lustre frightful to behold. The lips were parched, and cracked in many places; the hard, dry skin glowed with a burning heat; and there was an almost unearthly air of wild anxiety in the man's face, indicating even more strongly the ravages of the disease. The fever was at its height.

rostro estuvieron junto al mío; adonde yo me volviera se volvían ellos; y cada vez que despertaba de mi sueño, ahí estaba ella, junto a la cama, mirándome—. El enfermo me atrajo aún más hacia sí, susurrando a mi oído, en tono de profunda alarma—. Jem, debe de ser un espíritu maligno..., ¡un diablo! Chitón. Sé que lo es. Si fuera una mujer, habría muerto hace tiempo. Ninguna mujer habría sido capaz de soportar lo que ella.

Me sobrecogí al pensar en la larga serie de crueldades y privaciones que tenían que haberse dado para causar tal impresión en semejante hombre. No me fue posible contestar nada, pues ¿quién podría ofrecer esperanza o consuelo a aquel ser abyecto que tenía ante mí?

Permanecí allí sentado por espacio de más de dos horas, y durante este tiempo, no cesó de removerse, murmurando exclamaciones de dolor o impaciencia, llevando sus brazos incansablemente de un lado a otro, y volviéndose constantemente de lado. Por fin cayó en ese estado de parcial inconsciencia, en el que la mente vaga errante de una escena a otra, de uno a otro lugar, sin la intervención de la razón, mas sin conseguir desprenderse de una indescriptible impresión del sufrimiento actual. Comprendiéndolo así en vista de sus incoherentes desvaríos, y sabiendo que, con toda probabilidad, la fiebre no aumentaría inmediatamente, me marché, prometiendo a su desgraciada mujer que repetiría mi visita al día siguiente a última hora, y que, si era necesario, me sentaría junto al paciente toda la noche.

Cumplí mi promesa. Las últimas veinticuatro horas habían producido una espantosa alteración. Los ojos, aunque hundidos y fatigados, brillaban con un fulgor que resultaba espantoso. Los labios estaban resecos y, en muchos sitios, agrietados; la piel, dura y seca, relucía con ardiente calor; y el rostro del enfermo ofrecía un aire casi ultraterreno de feroz ansiedad, que denotaba con mayor vigor aún los estragos de la enfermedad. La fiebre estaba en su apogeo.

I took the seat I had occupied the night before, and here I sat for hours, listening to sounds which must strike deep to the heart of the most callous among human beings —the awful ravings of a dying man. From what I had heard of the medical attendant's opinion, I knew there was no hope for him: I was sitting by his death-bed. I saw the wasted limbs—which a few hours before had been distorted for the amusement of a boisterous gallery, writhing under the tortures of a burning fever—I heard the clown's shrill laugh, blending with the low murmurings of the dying man.

It is a touching thing to hear the mind reverting to the ordinary occupations and pursuits of health, when the body lies before you weak and helpless; but when those occupations are of a character the most strongly opposed to anything we associate with grave and solemn ideas, the impression produced is infinitely more powerful. The theatre and the public-house were the chief themes of the wretched man's wanderings. It was evening, he fancied; he had a part to play that night; it was late, and he must leave home instantly. Why did they hold him, and prevent his going? —he should lose the money—he must go. No! they would not let him. He hid his face in his burning hands, and feebly bemoaned his own weakness, and the cruelty of his persecutors. A short pause, and he shouted out a few doggerel rhymes—the last he had ever learned. He rose in bed, drew up his withered limbs, and rolled about in uncouth positions; he was acting—he was at the theatre. A minute's silence, and he murmured the burden of some roaring song. He had reached the old house at last—how hot the room was. He had been ill, very ill, but he was well now, and happy. Fill up his glass. Who was that, that dashed it from his lips? It was the same persecutor that had followed him before. He fell back upon his pillow and moaned aloud. A short period of oblivion, and he was

Ocupé el asiento donde me senté la noche anterior, y allí permanecí durante horas enteras, escuchando los sonidos que a la fuerza afectan profundamente al corazón del más insensible de los seres humanos: los espantosos desvaríos de un moribundo. A juzgar por lo que se me había dicho sobre la opinión del médico, no había esperanza: me hallaba sentado junto a su lecho de muerte. Veía los miembros extenuados, que se distorsionaban pocas horas antes para regocijo de un público bullicioso, contraídos bajo la tortura de ardorosa fiebre; oía la risa desgarrada del payaso fundiéndose con los apagados murmullos del agonizante.

Resulta conmovedor advertir cómo el intelecto torna a ocuparse de los quehaceres y ocupaciones propias de la salud, cuando el cuerpo yace ante uno debilitado y exangüe; pero cuando esas ocupaciones tienen un carácter absolutamente opuesto a cuanto relacionamos con ideas circunspectas y solemnes, la impresión causada es infinitamente más acusada. El teatro y la taberna eran los temas principales de los desvaríos del desgraciado. Se imaginaba que eran las horas del anochecer; aquella noche tenía que actuar; era tarde, y tenía que salir de casa inmediatamente. ¿Por qué lo sujetaban, impidiéndole irse? Perdería su paga, tenía que irse. ¡No! No le dejarían. Hundía el rostro en las manos ardorosas, y lamentaba con débil acento su propia debilidad y la crueldad de sus perseguidores. Una breve pausa, y se ponía a declamar unas coplas, las últimas que había aprendido. Se incorporaba en la cama, encogía sus piernas escuálidas, y se contorsionaba adoptando grotescas posturas; estaba actuando, estaba en el teatro. Un momento de silencio, y murmuraba el estribillo de alguna canción estrepitosa. Había llegado por fin a la vieja taberna..., qué caliente estaba la estancia. Había estado enfermo, muy enfermo, pero se encontraba bien y feliz. Que llenen su vaso. ¿Qué era eso que lo apartaba de sus labios? Era el mismo perseguidor que lo había acosado antes. Cayó de espaldas sobre la almohada, gimiendo. Un corto lapso de

wandering through a tedious maze of low-arched rooms—so low, sometimes, that he must creep upon his hands and knees to make his way along; it was close and dark, and every way be he turned, some obstacle impeded his progress. There were insects, too, hideous crawling things, with eyes that stared upon him, and filled the very air around, glistening horribly amidst the thick darkness of the place. The walls and ceiling were alive with reptiles—the vault expanded to an enormous size—frightful figures flitted to and fro—and the faces of men he knew, rendered hideous by gibing and mouthing, peered out from among them; they were searing him with heated irons, and binding his head with cords till the blood started; and he struggled madly for life.

At the close of one of these paroxysms, when I had with great difficulty held him down in his bed, he sank into what appeared to be a slumber. Overpowered with watching and exertion, I had closed my eyes for a few minutes, when I felt a violent clutch on my shoulder. I awoke instantly. He had raised himself up, so as to seat himself in bed—a dreadful change had come over his face, but consciousness had returned, for he evidently knew me. The child, who had been long since disturbed by his ravings, rose from its little bed, and ran towards its father, screaming with fright—the mother hastily caught it in her arms, lest he should injure it in the violence of his insanity; but, terrified by the alteration of his features, stood transfixed by the bedside. He grasped my shoulder convulsively, and, striking his breast with the other hand, made a desperate attempt to articulate. It was unavailing; he extended his arms towards them, and made another violent effort. There was a rattling noise in the throat—a glare of the eye—a short stifled groan—and he fell back—dead!'

olvido, y se vio vagando a través de un monótono laberinto de habitaciones abovedadas de techo bajo, tan bajo, a veces, que tenía que arrastrarse sobre manos y rodillas para seguir adelante; el ambiente era sofocante y todo estaba oscuro; y adondequiera que se volviese, algún obstáculo le impedía avanzar. Había también insectos, asquerosas cosas reptantes, con ojos que le miraban fijamente, y llenaban todo el aire, brillando horriblemente en la densa oscuridad reinante. Las paredes y el techo hervían de reptiles, la bóveda se ensanchaba hasta alcanzar enorme tamaño, espantosas formas se agitaban aquí y allá, y los rostros de hombres que conocía, desfigurados repugnantemente con muecas burlonas y vociferantes, se destacaban de entre ellas; cauterizándole con hierros candentes, y ataban su cabeza con cuerdas hasta que le brotaba la sangre; y él se debatía como un loco en defensa de su vida.

Al término de uno de estos paroxismos, cuando a duras penas había conseguido yo sujetarlo en la cama, se hundió en lo que parecía ser un sopor. Rendido por la vigilancia y el esfuerzo, cerré yo los ojos por unos momentos, cuando sentí un violento zarpazo en el hombro. Me desperté instantáneamente. Se había incorporado hasta quedar sentado en el lecho; una espantosa mutación habíase registrado en su rostro, pero había recuperado la consciencia, pues sin duda me conocía. El niño, a quien inquietaban desde hacía rato los desvaríos de su padre, se levantó de su camita y corrió hacia su progenitor, gritando de miedo; la madre lo tomó apresuradamente en brazos, por temor de que el enfermo le hiciera daño en la violencia de su insensata disposición; pero, aterrada por la alteración de las facciones del moribundo, quedó suspensa junto a la cama. El agarró mi hombro convulsivamente, y golpeándose el pecho con la otra mano, hizo un desesperado esfuerzo para hablar. Resultó inútil; alargó el brazo señalando a la mujer y al niño, e hizo otro violento esfuerzo. Su garganta profirió un gran ruido, los ojos brillaron, lanzó un gemido ahogado y cayó hacia atrás... ¡muerto!

THE CONVICT'S RETURN

'When I first settled in this village,' said the old gentleman, 'which is now just five-and-twenty years ago, the most notorious person among my parishioners was a man of the name of Edmunds, who leased a small farm near this spot. He was a morose, savage-hearted, bad man; idle and dissolute in his habits; cruel and ferocious in his disposition. Beyond the few lazy and reckless vagabonds with whom he sauntered away his time in the fields, or sotted in the alehouse, he had not a single friend or acquaintance; no one cared to speak to the man whom many feared, and every one detested—and Edmunds was shunned by all.

This man had a wife and one son, who, when I first came here, was about twelve years old. Of the acuteness of that woman's sufferings, of the gentle and enduring manner in which she bore them, of the agony of solicitude with which she reared that boy, no one can form an adequate conception. Heaven forgive me the supposition, if it be an uncharitable one, but I do firmly and in my soul believe, that the man systematically tried for many years to break her heart; but she bore it all for her child's sake, and, however strange it may seem to many, for his father's too; for brute as he was, and cruelly as he had treated her, she had loved him once; and the recollection of what he had been to her, awakened feelings of forbearance and meekness under suffering in her bosom, to which all God's creatures, but women, are strangers.

They were poor—they could not be otherwise when the man pursued such courses; but the woman's unceasing and

EL RETORNO DEL PRESIDIARIO

—Cuando me establecí en este pueblo—dijo el anciano caballero—, de esto hace ahora veinticinco años, la persona de mayor notoriedad entre mis feligreses era un hombre llamado Edmunds, que tenía arrendada una pequeña granja en las cercanías. Era un hombre arisco, de corazón depravado y malos sentimientos; vago y de costumbres disolutas; de cruel y feroz temperamento. Aparte de los pocos vagabundos, vagos y perdularios, con los que haraganeaba a todas horas por los campos, o se embrutecía en la taberna, no tenía un solo amigo o conocido; nadie quería hablar con el hombre a quien muchos temían y todos detestaban; Edmunds era rehuido por todos.

Tenía este hombre mujer y un hijo, que, cuando yo llegué aquí, contaba unos doce años. De los agudos sufrimientos de aquella mujer, de la bondadosa y resignada manera con que los sobrellevaba, de la atormentada solicitud con que cuidaba a aquel niño, nadie puede formarse idea exacta. Que el cielo me perdone la sospecha, si es poco caritativa, pero en mi alma creo firmemente que durante muchos años aquel hombre trató sistemáticamente de destrozar el corazón de su mujer; pero ella lo sufrió todo por el niño, y, pese a lo extraño que parezca a muchos, también por el padre; pues por salvaje que fuera, y por cruelmente que la tratara, hubo un tiempo en que lo amó; y el recuerdo de lo que había significado para ella despertaba en su pecho, bajo el padecimiento, sentimientos de resignación y de humildad, a los que son ajenas todas las criaturas de Dios, salvo las mujeres.

Eran pobres—no podía ser de otra manera teniendo en cuenta la conducta de aquel hombre—, mas los incansables

unwearied exertions, early and late, morning, noon, and night, kept them above actual want. These exertions were but ill repaid. People who passed the spot in the evening—sometimes at a late hour of the night—reported that they had heard the moans and sobs of a woman in distress, and the sound of blows; and more than once, when it was past midnight, the boy knocked softly at the door of a neighbour's house, whither he had been sent, to escape the drunken fury of his unnatural father.

During the whole of this time, and when the poor creature often bore about her marks of ill-usage and violence which she could not wholly conceal, she was a constant attendant at our little church. Regularly every Sunday, morning and afternoon, she occupied the same seat with the boy at her side; and though they were both poorly dressed—much more so than many of their neighbours who were in a lower station—they were always neat and clean. Every one had a friendly nod and a kind word for 'poor Mrs. Edmunds'; and sometimes, when she stopped to exchange a few words with a neighbour at the conclusion of the service in the little row of elm-trees which leads to the church porch, or lingered behind to gaze, with a mother's pride and fondness upon her healthy boy, as he sported before her with some little companions, her careworn face, would lighten up with an expression of heartfelt gratitude; and she would look, if not cheerful and happy, at least tranquil and contented.

Five or six years passed away; the boy had become a robust and well-grown youth. The time that had strengthened the child's slight frame and knit his weak limbs into the strength of manhood, had bowed his mother's form, and enfeebled her steps; but the arm that should have supported her was no longer locked in hers; the face that should have cheered her, no more looked upon her own. She occupied her old seat, but there was a vacant one beside her. The

y tenaces esfuerzos de la mujer, temprano y tarde, por la mañana, a mediodía y por la noche, los mantenía al abrigo de la verdadera necesidad. Estos esfuerzos eran mal recompensados. Las gentes que pasaban por el lugar al anochecer—a veces entrada la noche—contaban que habían oído gemidos y sollozos de una mujer afligida, y ruido de bofetadas; y más de una vez, pasada ya la medianoche, el muchacho llamaba recatadamente a la puerta de un vecino, a donde le enviaban para librarle del furor de borracho de su desnaturalizado padre.

Durante todo aquel tiempo, y cuando la infeliz llevaba a menudo señales de malos tratos y violencia que no podía ocultar del todo, acudía con asiduidad a nuestra pequeña iglesia. Todos los domingos, mañana y tarde, ocupaba el mismo lugar, con el muchacho a su lado; y aunque ambos iban pobremente vestidos—mucho más que bastantes vecinos suyos de inferior condición—iban siempre decentes y limpios. Todo el mundo tenía un gesto amistoso y una palabra amable para 'la pobre señora Edmunds'; a veces, cuando se detenía para cambiar unas palabras con una vecina, después del oficio, en la pequeña alameda que conduce al pórtico de la iglesia, o cuando se demoraba para observar con orgullo y ternura maternales a su hijo, sano y saludable, mientras jugaba delante de ella con algunos amiguitos, el marchito rostro se iluminaba con expresión de profunda gratitud; y aparecía, si no alegre y feliz, por lo menos tranquila y resignada.

Transcurrieron cinco o seis años; el muchacho se había convertido en un mozo robusto y garrido. El tiempo, que había fortalecido la frágil contextura del muchacho y dado a sus débiles miembros el vigor varonil, había encorvado el cuerpo de su madre y debilitado sus movimientos; pero el brazo que hubiera debido servirle de apoyo ya no se cruzaba con el suyo; el rostro que debiera haberla alegrado, ya no la miraba. La mujer ocupaba su antiguo asiento, pero había

Bible was kept as carefully as ever, the places were found and folded down as they used to be: but there was no one to read it with her; and the tears fell thick and fast upon the book, and blotted the words from her eyes. Neighbours were as kind as they were, but she shunned their greetings with averted head. There was no lingering among the old elm-trees now—no cheering anticipations of happiness yet in store. The desolate woman drew her bonnet closer over her face, and walked hurriedly away.

Shall I tell you that the young man, who, looking back to the earliest of his childhood's days to which memory and consciousness extended, and carrying his recollection down to that moment, could remember nothing which was not in some way connected with a long series of voluntary privations suffered by his mother for his sake, with ill-usage, and insult, and violence, and all endured for him—shall I tell you, that he, with a reckless disregard for her breaking heart, and a sullen, wilful forgetfullness of all she had done and borne for him, had linked himself with depraved and abandoned men, and was madly pursuing a headlong career, which must bring death to him, and shame to her? Alas for human nature! You have anticipated it long since.

The measure of the unhappy woman's misery and misfortune was about to be completed. Numerous offences had been committed in the neighbourhood; the perpetrators remained undiscovered, and their boldness increased. A robbery of a daring and aggravated nature occasioned a vigilance of pursuit, and a strictness of search, they had not calculated on. Young Edmunds was suspected, with three companions. He was apprehended—committed—tried—condemned—to die.

The wild and piercing shriek from a woman's voice, which resounded through the court when the solemn sentence was pronounced, rings in my ears at this moment.

un sitio vacío a su lado. La Biblia se guardaba con el mismo cuidado de antes, los pasajes se encontraban y se marcaban como antaño; pero no había nadie que los leyera con ella; y las lágrimas caían gruesas y frecuentes en el libro, ocultando las palabras a sus ojos. Los vecinos eran tan cordiales como antes, pero ella rehuía sus saludos volviendo la cabeza. Ya no se retardaba entre los viejos álamos, ya no sentía augurios de felicidad futura. La solitaria mujer se echaba el sombrero sobre el rostro, y se alejaba apresuradamente.

¿Tendré que deciros que el joven, que, al volver la mirada a los más remotos días de su infancia a los que alcanzaba su memoria y entendimiento, y al llevar sus recuerdos hasta aquel momento, nada podía recordar que no se relacionara de una manera u otra con la larga serie de voluntarias privaciones sufridas por él, por su madre, malos tratos, insultos, violencias, todo por él; tendré que deciros que este muchacho, con indiferencia y menosprecio por el destrozado corazón de su madre y un malvado y premeditado olvido de cuanto ella había hecho y padecido por él, había establecido relación con hombres depravados y perdidos, y había insensatamente emprendido una carrera temeraria que debía traerle a él la muerte y a su madre la vergüenza? ¡Mísera naturaleza humana! Hace rato que lo habíais imaginado.

La medida de las desdichas e infortunios de la pobre mujer estaba a punto de colmarse. Numerosos delitos se habían cometido en los contornos; los autores de los mismos no eran descubiertos, y aumentaba su audacia. Un robo de más osada y grave índole dio origen a un refuerzo de las investigaciones y a pesquisas minuciosas, con lo que ellos no habían contado. Se sospechó del joven Edmunds y de tres compañeros suyos. Fue detenido..., encarcelado..., juzgado... y condenado... a muerte.

El salvaje y penetrante alarido de mujer, que resonó en la sala del tribunal al ser pronunciada la solemne sentencia, suena en este momento en mis oídos. Aquel grito llenó el

That cry struck a terror to the culprit's heart, which trial, condemnation—the approach of dealth itself, had failed to awaken. The lips which had been compressed in dogged sullenness throughout, quivered and parted involuntarily; the face turned ashy pale as the cold perspiration broke forth from every pore; the sturdy limbs of the felon trembled, and he staggered in the dock.

In the first transports of her mental anguish, the suffering mother threw herself on her knees at my feet, and fervently sought the Almighty Being who had hitherto supported her in all her troubles to release her from a world of woe and misery, and to spare the life of her only child. A burst of grief, and a violent struggle, such as I hope I may never have to witness again, succeeded. I knew that her heart was breaking from that hour; but I never once heard complaint or murmur escape her lips.

It was a piteous spectacle to see that woman in the prison-yard from day to day, eagerly and fervently attempting, by affection and entreaty, to soften the hard heart of her obdurate son. It was in vain. He remained moody, obstinate, and unmoved. Not even the unlooked-for commutation of his sentence to transportation for fourteen years, softened for an instant the sullen hardihood of his demeanour.

But the spirit of resignation and endurance that had so long upheld her, was unable to contend against bodily weakness and infirmity. She fell sick. She dragged her tottering limbs from the bed to visit her son once more, but her strength failed her, and she sank powerless on the ground.

And now the boasted coldness and indifference of the young man were tested indeed; and the retribution that fell heavily upon him nearly drove him mad. A day passed away

corazón del reo de un terror que no había podido despertar el juicio, la condena... ni la proximidad de la misma muerte. Los labios que habían permanecido persistentemente cerrados con cerril hosquedad, temblaron y se entreabrieron involuntariamente; su rostro cobró una palidez cenicienta, mientras un sudor frío brotaba por todos los poros de su piel; los vigorosos miembros del delincuente se estremecieron y vaciló en el banquillo.

En sus primeros transportes de angustia, la doliente madre se hincó de rodillas a mis pies, y con todo fervor suplicó al Todopoderoso, que hasta entonces la había sostenido en todas sus tribulaciones, que la llevase a ella de este mundo de aflicción e infortunio y que perdonase la vida de su único hijo. Siguió una explosión de dolor y una violenta convulsión, de índole que confío no haya yo de presenciar otra vez. Comprendí que desde aquel punto y hora su corazón quedaba destrozado; pero jamás volví a oír un lamento o una queja exhalados por sus labios.

Constituía un penoso espectáculo la presencia de aquella mujer, día tras día, en el patio de la cárcel, intentando devota y fervorosamente, con cariño y ruegos, ablandar el duro corazón de aquel hijo empecinado. Fue en vano. El permanecía taciturno, obstinado e inconmovible. Ni aun la inesperada conmutación de la sentencia por la deportación durante catorce años, suavizó por un instante la terca osadía de su comportamiento.

Pero el espíritu de resignación y fortaleza que había sostenido a aquella mujer durante tanto tiempo fue incapaz de luchar contra la debilidad y los achaques físicos. Cayó enferma. Aún arrastró fuera del lecho sus miembros vacilantes para visitar una vez más a su hijo, pero las fuerzas le faltaron y cayó inerte al suelo.

Y entonces la terca frialdad e indiferencia del joven se vieron sometidas a una auténtica prueba; y el castigo que cayó pesadamente sobre él casi le hizo enloquecer. Pasó un

and his mother was not there; another flew by, and she came not near him; a third evening arrived, and yet he had not seen her; and in four-and-twenty hours he was to be separated from her, perhaps for ever. Oh! how the long-forgotten thoughts of former days rushed upon his mind, as he almost ran up and down the narrow yard—as if intelligence would arrive the sooner for *his* hurrying—and how bitterly a sense of his helplessness and desolation rushed upon him, when he heard the truth! His mother, the only parent he had ever known, lay ill—it might be, dying—within one mile of the ground he stood on; were he free and unfettered, a few minutes would place him by her side. He rushed to the gate, and grasping the iron rails with the energy of desperation, shook it till it rang, and threw himself against the thick wall as if to force a passage through the stone; but the strong building mocked his feeble efforts, and he beat his hands together and wept like a child.

I bore the mother's forgiveness and blessing to her son in prison; and I carried the solemn assurance of repentance, and his fervent supplication for pardon, to her sick-bed. I heard, with pity and compassion, the repentant man devise a thousand little plans for her comfort and support when he returned; but I knew that many months before he could reach his place of destination, his mother would be no longer of this world.

He was removed by night. A few weeks afterwards the poor woman's soul took its flight, I confidently hope, and solemnly believe, to a place of eternal happiness and rest. I performed the burial service over her remains. She lies in our little churchyard. There is no stone at her grave's head. Her sorrows were known to man; her virtues to God.

It had been arranged previously to the convict's departure, that he should write to his mother as soon as he

día y su madre no se presentó; voló otro, y ella no vino junto a él; llegó una tercera noche, y seguía sin haberla visto; y dentro de veinticuatro horas sería separado de su madre, tal vez para siempre. ¡Oh!, ¡cómo se precipitaban en su mente los recuerdos, largo tiempo olvidados, de días pasados, mientras iba y venía casi corriendo por el estrecho patio —como si las noticias hubieran de llegar antes por su precipitación—, y cuán amargamente le invadió la idea de su desamparo y soledad cuando supo la verdad! Su madre, el único cariño que había conocido, yacía enferma—tal vez moribunda—a una milla del sitio donde él se encontraba; de haber estado libre y no aherrojado, hubiéranle bastado unos minutos para llegar a su lado. Se abalanzó a la verja, y asiendo los barrotes de hierro con la energía de la desesperación, la sacudió hasta hacerla chirriar, y se lanzó contra el grueso muro como si quisiera abrir un paso a través de la piedra; pero el fuerte edificio se burlaba de sus débiles esfuerzos, y el muchacho juntó las manos y lloró como un niño.

Llevé la misericordia y la bendición de la madre a su hijo encarcelado; y fui vehículo de la solemne afirmación de arrepentimiento y la ferviente súplica de perdón, a su lecho de enferma. Lleno de piedad y compasión, oí al hombre arrepentido que forjaba mil planes para proporcionarle bienestar y sostén cuando él volviera; pero yo sabía que muchos meses antes de que él llegara al lugar de destino, su madre no pertenecería ya a este mundo.

Se lo llevaron por la noche. Unas semanas después el alma de la pobre mujer emprendió el vuelo, fervorosamente confío y solemnemente creo, a un lugar de eterna felicidad y reposo. Celebré las exequias sobre sus restos. Yace en nuestro pequeño cementerio. En la cabecera de su tumba no hay ninguna lápida. Los hombres conocieron sus penas; Dios, sus virtudes.

Antes de la partida del penado había quedado convenido en que escribiría a su madre tan pronto como se le conce-

could obtain permission, and that the letter should be addressed to me. The father had positively refused to see his son from the moment of his apprehension; and it was a matter of indifference to him whether he lived or died. Many years passed over without any intelligence of him; and when more than half his term of transportation had expired, and I had received no letter, I concluded him to be dead, as, indeed, I almost hoped he might be.

Edmunds, however, had been sent a considerable distance up the country on his arrival at the settlement; and to this circumstance, perhaps, may be attributed the fact, that though several letters were despatched, none of them ever reached my hands. He remained in the same place during the whole fourteen years. At the expiration of the term, steadily adhering to his old resolution and the pledge he gave his mother, he made his way back to England amidst innumerable difficulties, and returned, on foot, to his native place.

On a fine Sunday evening, in the month of August, John Edmunds set foot in the village he had left with shame and disgrace seventeen years before. His nearest way lay through the churchyard. The tall old elms, through whose branches the declining sun cast here and there a rich ray of light upon the shady part, awakened the associations of his earliest days. He pictured himself as he was then, clinging to his mother's hand, and walking peacefully to church. He remembered how he used to look up into her pale face; and how her eyes would sometimes fill with tears as she gazed upon his features —tears which fell hot upon his forehead as she stooped to kiss him, and made him weep too, although he little knew then what bitter tears hers were. He thought how often he had run merrily down that path with some childish play-fellow, looking back, ever and again, to catch his mother's smile, or hear her gentle voice; and then a veil seemed lifted from his memory, and words

diera autorización para ello, y que la carta la dirigiría a mí. El padre habíase negado terminantemente a ver a su hijo desde el momento en que fue detenido; y le era indiferente el hecho de que viviera o no. Muchos años pasaron sin noticias suyas; y cuando hubo transcurrido más de la mitad de la condena, sin que yo recibiera carta alguna, deduje que había muerto, y aun casi confiaba en que así fuera.

Sin embargo, Edmunds había sido internado profundamente en el país, a su llegada a la colonia; y a esta circunstancia pueda tal vez atribuirse el hecho de que aunque envió varias cartas, ninguna llegara a mis manos. Permaneció en el mismo lugar durante los catorce años. Al cumplir la condena, firmemente resuelto a llevar a cabo su antigua resolución y la promesa hecha a su madre, realizó el viaje de regreso a Inglaterra en medio de dificultades sin cuento, y volvió a pie a su pueblo natal.

Una hermosa tarde de un domingo de agosto, Juan Edmunds pisó el pueblo de donde saliera, con vergüenza y oprobio, diecisiete años antes. El camino más directo pasaba por el cementerio. Los altos y viejos olmos, a través de cuyas ramas el sol poniente lanzaba aquí y allá un fulgurante rayo luminoso sobre la zona en sombra, despertaban los recuerdos de los días de su infancia. Veíase a sí mismo como entonces era, cogido de la mano de su madre y dirigiéndose sosegadamente hacia la iglesia. Recordó cómo acostumbraba a levantar la mirada para observar el pálido rostro de su madre; y cómo los ojos de ella se le llenaban a veces de lágrimas cuando miraba a su hijo, lágrimas que caían quemándole la frente cuando la madre se inclinaba para besarlo, y le obligaban también a llorar, aunque poco comprendía entonces cuán amargas eran aquellas lágrimas de su madre. Pensó en las muchas veces que había corrido alegremente por aquel sendero, con algún compañero de juegos, volviendo la cabeza, una vez y otra, para recoger la sonrisa de su madre, u oír su voz cariñosa; y entonces pareció descorrerse un velo de su memoria,

of kindness unrequited, and warnings despised, and promises broken, thronged upon his recollection till his heart failed him, and he could bear it no longer.

He entered the church. The evening service was concluded and the congregation had dispersed, but it was not yet closed. His steps echoed through the low building with a hollow sound, and he almost feared to be alone, it was so still and quiet. He looked round him. Nothing was changed. The place seemed smaller than it used to be; but there were the old monuments on which he had gazed with childish awe a thousand times; the little pulpit with its faded cushion; the Communion table before which he had so often repeated the Commandments he had reverenced as a child, and forgotten as a man. He approached the old seat; it looked cold and desolate. The cushion had been removed, and the Bible was not there. Perhaps his mother now occupied a poorer seat, or possibly she had grown infirm and could not reach the church alone. He dared not think of what he feared. A cold feeling crept over him, and he trembled violently as he turned away.

An old man entered the porch just as he reached it. Edmunds started back, for he knew him well; many a time he had watched him digging graves in the churchyard. What would *he* say to the returned convict?

The old man raised his eyes to the stranger's face, bade him 'good-evening,' and walked slowly on. He had forgotten him.

He walked down the hill, and through the village. The weather was warm, and the people were sitting at their doors, or strolling in their little garden as he passed, enjoying the serenity of the evening, and their rest from labour. Many a look was turned towards him, and many a doubtful glance he cast on either side to see whether any knew and

y palabras de afecto no correspondido, advertencias desdeñadas y promesas incumplidas invadieron sus recuerdos hasta hacerle desfallecer, incapaz de soportar tal sufrimiento por más tiempo.

Penetró en la iglesia. El oficio de la tarde había terminado y los fieles habíanse dispersado, pero aún no estaba cerrada. Sus pasos resonaron en el bajo recinto con un eco profundo, y casi sintió miedo de encontrarse solo, tan silencioso y tranquilo estaba todo. Miró en torno suyo. Nada había cambiado. El lugar parecía más pequeño que otrora; pero allí estaban los viejos monumentos que contemplara con infantil pasmo mil veces; el pequeño púlpito con su ajado cojín; la mesa de la Comunión, delante de la cual había repetido tantas veces los Mandamientos que reverenció de niño y olvidó cuando hombre. Se acercó al antiguo asiento; le pareció frígido y desolado. El almohadón había desaparecido y no estaba allí la Biblia. Tal vez ocupara ahora su madre un sitio más pobre, o puede que se encontrara impedida y no pudiera acudir sola a la iglesia. No se atrevía a pensar en lo que temía. Una gélida sensación recorrió su cuerpo, y temblaba violentamente al volverse para salir.

Un anciano entró en el atrio al tiempo que él salía. Edmunds retrocedió sobresaltado, pues le conocía bien; muchas veces habíale visto cavando tumbas en el cementerio. ¿Qué le diría al condenado que acababa de regresar?

El anciano levantó los ojos hacia el rostro del forastero, le dio las buenas tardes y continuó lentamente su camino. Lo había olvidado.

Anduvo colina abajo y atravesó el pueblo. El tiempo era caluroso y la gente estaba sentada a la puerta de sus casas, o paseaban por sus jardincillos, disfrutando de la serenidad del atardecer y del descanso de su trabajo. Muchas miradas le dirigieron, y él lanzó muchas recelosas ojeadas a uno y otro lado para ver si alguien le reconocía y rehuía el en-

shunned him. There were strange faces in almost every house; in some he recognised the burly form of some old schoolfellow—a boy when he last saw him—surrounded by a troop of merry children; in others he saw, seated in an easy-chair at a cottage door, a feeble and infirm old man, whom he only remembered as a hale and hearty labourer; but they had all forgotten him, and he passed on unknown.

The last soft light of the setting sun had fallen on the earth, casting a rich glow on the yellow corn sheaves, and lengthening the shadows of the orchard trees, as he stood before the old house—the home of his infancy—to which his heart had yearned with an intensity of affection not to be described, through long and weary years of captivity and sorrow. The paling was low, though he well remembered the time that it had seemed a high wall to him; and he looked over into the old garden. There were more seeds and gayer flowers than there used to be, but there were the old trees still—the very tree under which he had lain a thousand times when tired of playing in the sun, and felt the soft, mild sleep of happy boyhood steal gently upon him. There were voices within the house. He listened, but they fell strangely upon his ear; he knew them not. They were merry too; and he well knew that his poor old mother could not be cheerful, and he away. The door opened, and a group of little children bounded out, shouting and romping. The father, with a little boy in his arms, appeared at the door, and they crowded round him, clapping their tiny hands, and dragging him out, to join their joyous sport. The convict thought on the many times he had shrunk from his father's sight in that very place. He remembered how often he had buried his trembling head beneath the bedclothes, and heard the harsh word, and the had stripe, and his mother's wailing; and though the man sobbed aloud

cuentro con él. En casi todas las casas había caras extrañas; en algunas reconoció los tipos robustos de algún antiguo compañero de colegio—un muchacho todavía la última vez que lo vio—, rodeado de un enjambre de alegres pequeñuelos; en otras vio, sentado en una tumbona a la puerta de la casita, algún débil y achacoso viejo, al que recordaba como trabajador sano y vigoroso; pero todos lo habían olvidado, y pasó sin ser reconocido.

El último y suave resplandor del sol poniente habíase derramado sobre la tierra, arrojando un delicioso arrebol sobre las espigas amarillentas y alargando las sombras de los árboles del huerto, mientras se paraba ante la vieja casa, el hogar de su infancia, por la que su corazón había suspirado con una intensidad de cariño imposible de describir durante largos y fatigosos años de cautiverio y amargura. La cerca era baja, aunque él recordaba muy bien el tiempo en que a él le parecía una alta tapia; y por encima de ella miró el antiguo jardín. Había más semillas y flores más alegres que las habituales en su tiempo, pero allí estaban aún los viejos árboles, el mismo árbol bajo el que se había tendido mil veces cuando se encontraba cansado de jugar al sol y se sentía invadido por el suave y dulce sueño de la infancia feliz. Dentro de la casa se oían voces. Escuchó, pero sonaron como extrañas en sus oídos; no las reconocía. Además, eran alegres, y él bien sabía que su pobre y anciana madre no podía estar contenta, hallándose él ausente. La puerta se abrió, y un grupo de chiquillos se precipitó afuera, gritando y retozando. El padre, con una criatura en los brazos, apareció en la puerta, y todos se agruparon en torno suyo, aplaudiendo con sus manitas y tirando de él hacia fuera, para que se uniera a sus alegres juegos. El penado pensó en las muchas veces que había rehuido la presencia de su padre, en aquel mismo lugar. Recordó con qué frecuencia escondía la temblorosa cabeza entre las mantas, mientras oía las rudas palabras, los golpes brutales y los lamentos de su madre; y aunque sollozaba lleno de

with agony of mind as he left the spot, his fist was clenched, and his teeth were set, in a fierce and deadly passion.

And such was the return to which he had looked through the weary perspective of many years, and for which he had undergone so much suffering! No face of welcome, no look of forgiveness, no house to receive, no hand to help him—and this too in the old village. What was his loneliness in the wild, thick woods, where man was never seen, to this!

He felt that in the distant land of his bondage and infamy, he had thought of his native place as it was when he left it; and not as it would be when he returned. The sad reality struck coldly at his heart, and his spirit sank within him. He had not courage to make inquiries, or to present himself to the only person who was likely to receive him with kindness and compassion. He walked slowly on; and shunning the roadside like a guilty man, turned into a meadow he well remembered; and covering his face with his hands, threw himself upon the grass.

He had not observed that a man was lying on the bank beside him; his garments rustled as he turned round to steal a look at the new-comer; and Edmunds raised his head.

The man had moved into a sitting posture. His body was much bent, and his face was wrinkled and yellow. His dress denoted him an inmate of the workhouse: he had the appearance of being very old, but it looked more the effect of dissipation or disease, than the length of years. He was staring hard at the stranger, and though his eyes were lustreless and heavy at first, they appeared to glow with an unnatural and alarmed expression after they had been fixed upon him for a short time, until they seemed to be starting from their sockets. Edmund gradually raised himself to his

congoja al apartarse de aquel lugar, apretaba los puños y rechinaba los dientes, con iracundo y terrible rencor.

¡Y éste era el retorno que había estado imaginando anhelante en la penosa perspectiva de muchos años, y por el que había resistido tan grandes sufrimientos! Ni rostro que le diera la bienvenida, ni mirada de perdón, ni hogar que lo recibiera, ni mano que lo ayudara..., y esto en su viejo pueblo. ¡Qué era su soledad en los agrestes y tupidos bosques, donde jamás se veía un ser humano, comparada con esto!

Sintió que en la lejana tierra de su cautiverio e infamia había pensado en su tierra nativa como era cuando la abandonó; y no como sería cuando regresara. La sombría realidad atenazó heladamente su corazón, y sintió desfallecer su ánimo. No tuvo valor para efectuar indagaciones o para presentarse a la única persona que era probable que lo recibiera con bondad y compasión. Continuó andando lentamente; y rehuyendo el camino como un delincuente, se metió por un prado que conocía muy bien; y cubriéndose el rostro con las manos, se dejó caer en el césped.

No había advertido que en el ribazo, junto a él, estaba echado un hombre; sus ropas crujieron cuando se volvió sobre sí mismo para echar una mirada al recién llegado; y Edmunds levantó la cabeza.

El hombre se había incorporado hasta quedar sentado. Su cuerpo estaba muy encorvado, y el rostro aparecía arrugado y amarillento. Su indumentaria lo denunciaba como residente en el asilo; parecía ser muy viejo, pero daba la impresión de que ello fuera efecto más bien del vicio y la enfermedad que del paso de los años. Miraba fijamente al desconocido, y aunque en principio sus ojos estaban mortecinos y torpes, empezaron a brillar con una extraña expresión de alarma, después de haberlo contemplado por breve tiempo, hasta que parecieron a punto de salirse de sus órbitas. Edmunds fue incorporándose sobre sus rodillas, contemplando cada vez con más aten-

knees, and looked more and more earnestly on the old man's face. They gazed upon each other in silence.

The old man was ghastly pale. He shuddered and tottered to his feet. Edmunds sprang to his. He stepped back a pace or two. Edmunds advanced.

'Let me hear you speak,' said the convict, in a thick, broken voice.

'Stand off!' cried the old man, with a dreadful oath. The convict drew closer to him.

'Stand off!' shrieked the old man. Furious with terror, he raised his stick, and struck Edmunds a heavy blow across the face.

'Father—devil!' murmured the convict between his set teeth. He rushed wildly forward, and clenched the old man by the throat—but he was his father; and his arm fell powerless by his side.

The old man uttered a loud yell which rang through the lonely fields like the howl of an evil spirit. His face turned black, the gore rushed from his mouth and nose, and dyed the grass a deep, dark red, as he staggered and fell. He had ruptured a blood-vessel, and he was a dead man before his son could raise him.

'In that corner of the churchyard,' said the old gentleman, after a silence of a few moments, 'in that corner of the churchyard of which I have before spoken, there lies buried a man who was in my employment for three years after this event, and who was truly contrite, penitent, and humbled, if ever man was. No one save myself knew in that man's lifetime who he was, or whence he came—it was John Edmunds, the returned convict.'

ción el rostro del anciano. Ambos se miraron fijamente en silencio.

El anciano tenía una palidez cadavérica. Se estremeció y, vacilando, se puso en pie. Edmunds se puso de pie de un salto entonces. El viejo retrocedió dos pasos. Edmunds avanzó hacia él.

—Déjeme oír su voz—dijo el penado, con voz dura y cascada.

—¡Atrás!—gritó el viejo, lanzando un espantoso juramento. El presidiario se acercó a él.

—¡Atrás!—aulló el viejo. Loco de terror, levantó el bastón, y asestó a Edmunds un fuerte golpe en plena cara.

—¡Padre!... ¡demonio!—murmuró el penado entre los dientes apretados. Se lanzó como una fiera hacia adelante y cogió al viejo por el cuello..., pero era su padre; y el brazo cayó inerte junto al costado.

El viejo profirió un fuerte alarido, que corrió por los campos solitarios como el aullido de un espíritu maligno. El rostro se le puso negro, de la boca y de la nariz le brotó la sangre que, al vacilar el anciano sobre sus pies y caer, tiñó la yerba de un rojo oscuro. Se le había roto una arteria, y estaba muerto antes de que su hijo pudiera levantarlo.

En aquel rincón del cementerio—dijo el anciano caballero, después de unos momentos de silencio—, en aquel rincón del cementerio del que he hablado antes, yace enterrado un hombre que permaneció a mis órdenes durante tres años después de este suceso, y que estaba sinceramente arrepentido, penitente y humillado, si hombre alguno lo ha estado. Nadie salvo yo mismo supo en vida de ese hombre quién era, ni de dónde había venido...; era Juan Edmunds, el penado que volvió.

THE OLD MAN'S TALE ABOUT THE QUEER CLIENT

'It matters little,' said the old man, 'where, or how, I picked up this brief history. If I were to relate it in the order in which it reached me, I should commence in the middle, and when I had arrived at the conclusion, go back for a beginning. It is enough for me to say that some of its circumstances passed before my own eyes; for the remainder I know them to have happened, and there are some persons yet living, who will remember them but too well.

In the Borough High Street, near St. George's Church, and on the same side of the way, stands, as most people know, the smallest of our debtors' prisons, the Marshalsea. Although in later times it has been a very different place from the sink of filth and dirt it once was, even its improved condition holds out but little temptation to the extravagant, or consolation to the improvident. The condemned felon has as good a yard for air and exercise in Newgate, as the insolvent debtor in the Marshalsea Prison.

It may be my fancy, or it may be that I cannot separate the place from the old recollections associated with it, but this part of London I cannot bear. The street is broad, the shops are spacious, the noise of passing vehicles, the footsteps of a perpetual stream of people—all the busy sounds of traffic, resound in it from morn to midnight; but the streets around are mean and close; poverty and debauchery lie festering in the crowded alleys; want and misfortune

LA HISTORIA DEL VIEJO SOBRE EL EXTRAÑO CLIENTE

—Poco importa—dijo el viejo—, dónde o cómo entré en conocimiento de esta breve historia. Si hubiera de relatarla en el orden en que alcanzó mi noticia, tendría que comenzar por la mitad, y al llegar a la conclusión, volver al principio. Bastará que les diga que algunos de sus episodios se desarrollaron ante mis ojos; en cuanto al resto, me consta que ha ocurrido realmente, y todavía viven algunas personas que lo recordarán de sobra.

En la calle Mayor del Borough (Municipio), cerca de la iglesia de San Jorge, y en el mismo lado de la calzada, se levanta, como muchos saben, la más pequeña de nuestras cárceles para insolventes, la Marshalsea. Aunque en los últimos tiempos es un lugar muy distinto del sumidero de mugre y basura de otras épocas, ni aun la mejoría de sus condiciones ofrece sino muy escaso atractivo para los atrabilarios o consuelo para los imprevisores. El delincuente convicto dispone en Newgate de tan buen patio para tomar el aire y hacer ejercicio como el que tiene el deudor insolvente en la prisión de Marshalsea.

Puede que sea mi fantasía, o tal vez la imposibilidad de separar este lugar de los viejos recuerdos que con el mismo se asocian, pero es el caso que no puedo soportar esta parte de Londres. La calle es ancha, los comercios espaciosos, el ruido de los vehículos que por ella transitan, las pisadas del incesante flujo de gentes... todo el ajetreado fragor del tráfico resuenan en ella desde la mañana hasta medianoche; pero las calles circundantes son sórdidas y angostas; la miseria y el hampa invaden, empozoñándolas, las populosas callejuelas;

are pent up in the narrow prison; an air of gloom and dreariness seems, in my eyes at least, to hang about the scene, and impart to it a squalid sickly hue.

Many eyes, that have long since been closed in the grave, have looked round upon that scene lightly enough, when entering the gate of the old Marshalsea Prison for the first time; for despair seldom comes with the first severe shock of misfortune. A man has confidence in untried friends, he remembers the many offers of service so freely made by his boon companions when he wanted them not; he has hope—the hope of happy inexperience—and however he may bend beneath the first shock, it springs up in his bosom, and flourishes there for a brief space, until it droops beneath the blight of disappointment and neglect. How soon have those same eyes, deeply sunken in the head, glared from faces wasted with famine, and sallow from confinement, in days when it was no figure of speech to say that debtors rotted in prison, with no hope of release, and no prospect of liberty! The atrocity in its full extent no longer exists, but there is enough of it left to give rise to occurrences that make the heart bleed.

Twenty years ago, that pavement was worn with the foot-steps of a mother and child, who, day by day, so surely as the morning came, presented themselves at the prison gate; often after a night of restless misery and anxious thoughts, were they there, a full hour too soon, and then the young mother turning meekly away, would lead the child to the old bridge, and raising him in her arms to show him the glistening water, tinted with the light of the morning's sun, and stirring with all the bustling preparations for business and pleasure that the river presented at that early hour, endeavour to interest his thoughts in the objects

la indigencia y la desgracia están enjauladas en la angosta prisión; un velo lúgubre y melancólico parece, al menos a mis ojos, envolver la escena, impregnándola de un tinte lívido y siniestro.

Muchos ojos, que llevan ya muchos años cerrados en la tumba, han contemplado este panorama con bastante ligereza al atravesar por vez primera la vieja prisión de Marshalsea; pues la desesperación rara vez hace acto de presencia al primer embite serio del infortunio. El hombre confía en los amigos a los que aún no ha probado, recuerda los múltiples ofrecimientos de ayuda que le hicieron liberalmente sus compañeros preferidos cuando no le era necesaria; abriga confianza—la confianza de la feliz inexperiencia—y por mucho que se doblegue ante el primer golpe, renace en su pecho, floreciendo por breve tiempo, hasta que se marchita bajo el añublo del desaliento y el abandono. ¡Qué pronto estos mismos ojos, profundamente hundidos, fulguraban en los rostros consumidos por el hambre y demacrados por la reclusión, en aquellos tiempos en que no era tropo del discurso la afirmación de que los deudores se pudrían en prisión, sin esperanza de redención ni perspectivas de libertad! La crueldad ya no existe en toda su amplitud, pero queda de ella lo suficiente para originar episodios que hacen sangrar el corazón.

Hace veinte años, el pavimento era desgastado por las pisadas de una madre y un niño, quienes, día tras día, con la misma seguridad con que llega la mañana, se presentaban ante la puerta de la cárcel; a menudo, después de una noche de congoja sin tregua y ansiosas cavilaciones, llegaban con una hora larga de anticipación, y entonces la joven madre, retirándose tristemente, llevaba al niño al puente viejo, y tomándolo en brazos para mostrarle las aguas rielantes, matizadas por la luz del sol matutino, y animadas por los bulliciosos preparativos para el comercio y el recreo que el río ofrecía a aquella temprana hora, se esforzaba por interesar

before him. But she would quickly set him down, and hiding her face in her shawl give vent to the tears that blinded her; for no expression of interest or amusement lighted up his thin and sickly face. His recollections were few enough, but they were all of one kind—all connected with the poverty and misery of his parents. Hour after hour had he sat on his mother's knee, and with childish sympathy watched the tears that stole down her face, and then crept quietly away into some dark corner, and sobbed himself to sleep. The hard realities of the world, with many of its worst privations—hunger and thirst, and cold and want—had all come to him, from the first dawnings of reason; and though the form of childhood was there, its light heart, its merry laugh, and sparking eyes were wanting.

The father and mother looked on upon this, and upon each other, with thoughts of agony they dared not breathe in words. The healthy, strong-made man, who could have borne almost any fatigue of active exertion, was wasting beneath the close confinement and unhealthy atmosphere of a crowded prison. The slight and delicate woman was sinking beneath the combined effects of bodily and mental illness. The child's young heart was breaking.

Winter came, and with it weeks of cold and heavy rain. The poor girl had removed to a wretched apartment close to the spot of her husband's imprisonment; and though the change had been rendered necessary by their increasing poverty, she was happier now, for she was nearer him. For two months, she and her little companion watched the opening of the gate as usual. One day she failed to come, for the first time. Another morning arrived, and she came alone. The child was dead.

los pensamientos del niño en las cosas que tenía delante de él. Pero pronto lo dejaba en el suelo, y ocultando el rostro en el chal, daba rienda suelta a las lágrimas que la cegaban, pues en el flaco y enfermizo rostro del niño no aparecía expresión alguna de interés o regocijo. Sus recuerdos eran muy escasos, pero todos tenían la misma característica, todos se relacionaban con la pobreza y la desventura de sus padres. Hora tras hora había permanecido sentado en las rodillas de su madre, observando, con infantil compasión, las lágrimas que resbalaban por su rostro, y luego se refugiaba silenciosamente en algún oscuro rincón, donde se dormía entre sollozos. Las negras realidades del mundo, con muchas de sus más duras privaciones—hambre y sed, frío y penuria—se habían abatido sobre él, desde los primeros albores de la razón; y aunque allí estaba la forma externa de la niñez, el corazón ligero, la risa alegre y los ojos chispeantes propios de esta edad faltaban enteramente.

Los padres observaban esto, y se miraban y se hacían angustiosas reflexiones que no osaban convertir en palabras. El hombre saludable y de robusta constitución que hubiera sido capaz de soportar las mayores fatigas del esfuerzo activo, se consumía en el angosto confinamiento y el ambiente malsano de una hacinada prisión. La ingrávida y delicada mujer rendíase poco a poco al efecto combinado de los padecimientos físicos y mentales. El tierno corazón del niño se destrozaba.

Llegó el invierno, y con él semanas de frío e intensas lluvias. La pobre muchacha se había mudado a un mísero cuarto, cerca del lugar donde su esposo estaba encerrado; y si bien el cambio fue impuesto por su progresiva indigencia, se sentía ahora más feliz, por encontrarse más cerca de él. Durante dos meses, ella y su pequeño compañero vigilaron, como de costumbre, la apertura de la puerta. Un día dejó de venir por primera vez. Otra mañana acudió, pero sola. El niño había muerto.

They little know, who coldly talk of the poor man's bereavements, as a happy release from pain to the departed, and a merciful relief from expense to the survivor—they little know, I say, what the agony of those bereavements is. A silent look of affection and regard when all other eyes are turned coldly away—the consciousness that we possess the sympathy and affection of one being when all others have deserted us—is a hold, a stay, a comfort, in the deepest affliction, which no wealth could purchase, or power bestow. The child had sat at his parents' feet for hours together, with his little hands patiently folded in each other, and his thin wan face raised towards them. They had seen him pine away, from day to day; and though his brief existence had been a joyless one, and he was now removed to that peace and rest which, child as he was, he had never known in this world, they were his parents, and his loss sank deep into their souls.

It was plain to those who looked upon the mother's altered face, that death must soon close the scene of her adversity and trial. Her husband's fellow-prisoners shrank from obtruding on his grief and misery, and left to himself alone, the small room he had previously occupied in common with two companions. She shared it with him; and lingering on without pain, but without hope, her life ebbed slowly away.

She had fainted one evening in her husband's arms, and he had borne her to the open window, to revive her with the air, when the light of the moon falling full upon her face, showed him a change upon her features, which made him stagger beneath her weight, like a helpless infant.

'Set me down, George,' she said faintly. He did so, and seating himself beside her, covered his face with his hands, and burst into tears.

'It is very hard to leave you, George,' she said; 'but it

Poco saben aquellos que comentan fríamente la aflicción del desgraciado, considerándola como feliz término de sus padecimientos para el que parte, y venturoso alivio de gastos para el superviviente, poco saben, digo, del espantoso dolor de esta aflicción. Una mirada silenciosa de afecto e interés cuando los demás se apartan, indiferentes; el conocimiento de que poseemos la simpatía y el cariño de un ser humano cuando todos nos abandonan, constituyen un refugio, un sostén, un consuelo, en la más profunda de las aflicciones, que riqueza alguna puede comprar ni ningún poderío proporcionar. El niño había permanecido sentado a los pies de sus padres durante horas enteras, con sus manitas resignadamente entrelazadas, y el rostro flaco y demacrado levantado hacia ellos. Ellos le habían visto languidecer día tras día; y aunque, habiendo sido triste su existencia, había partido hacia la paz y el descanso de que, aun siendo un niño, no gozara en este mundo, ellos eran sus padres y su pérdida les hirió en lo más hondo del alma.

Era obvio para los que observaban el desfallecido rostro de la madre, que la muerte pronto pondría fin a su jornada de prueba y adversidad. Los compañeros de prisión de su marido se abstuvieron de mezclarse en su pena y su infortunio, y dejaron para él solo la pequeña estancia que antes ocupara en común con dos presos. Ella la compartió con él; y consumiéndose sin dolor, pero sin esperanza, su vida fue apagándose lentamente.

Habiéndose un anochecer desmayado en brazos del esposo, él la acercó a la abierta ventana para reanimarla con el aire, cuando la luz de la luna, cayendo de lleno sobre el rostro de la mujer, le dejó observar la alteración de sus rasgos, haciéndole vacilar bajo su carga como un niño sin fuerzas.

—Déjame echada, Jorge—dijo ella con voz débil. Así lo hizo él, y, sentándose a su lado, se cubrió el rostro con las manos y rompió a llorar.

—Es muy duro dejarte, Jorge—dijo ella—; pero es la

is God's will, and you must bear it for my sake. Oh! how I thank Him for having taken our boy! He is happy, and in heaven now. What would he have done here, without his mother!'

'You shall not die, Mary, you shall not die;' said the husband, starting up. He paced hurriedly to and fro, striking his head with his clenched fists; then reseating himself beside her, and supporting her in his arms, added more calmly.

'Rouse yourself, my dear girl. Pray, pray do. You will revive yet.'

'Never again, George; never again,' said the dying woman. 'Let them lay me by my poor boy now, but promise me, that if ever you leave this dreadful place, and should grow rich, you will have us removed to some quiet country churchyard, a long, long way off—very far from here—where we can rest in peace. Dear George, promise me you will.'

'I do, I do,' said the man, throwing himself passionately on his knees before her. 'Speak to me, Mary, another word; one look—but one!'

He ceased to speak: for the arm that clasped his neck grew stiff and heavy. A deep sigh escaped from the wasted form before him; the lips moved, and a smile played upon the face; but the lips were pallid, and the smile faded into a rigid and ghastly stare. He was alone in the world.

That night, in the silence and desolation of his miserable room, the wretched man knelt down by the dead body of his wife, and called on God to witness a terrible oath, that from that hour, he devoted himself to revenge her death and that of his child; that thenceforth to the last moment of his life, his whole energies should be directed to this one object; that his revenge should be protracted and terrible; that his hatred should be undying and inextinguishable; and should hunt its object through the world.

voluntad de Dios, y debes aceptarla por mí. ¡Ah! ¡Cuánto le agradezco que se haya llevado a nuestro hijo! Es feliz y está ahora en el cielo. ¡Qué habría hecho aquí sin su madre!

—No morirás, María, no morirás—dijo el marido, levantándose. Recorrió la habitación de un lado a otro con vivo paso, golpeándose la cabeza con los puños crispados; luego, volviendo a sentarse a su lado y sosteniéndola en los brazos, añadió con más calma:

—Anímate, cariño mío. Te lo suplico. Aún te reanimarás.

—No más, Jorge; no más—repuso la moribunda—. Haz que me entierren ahora junto a mi pobre niño, pero prométeme que si alguna vez sales de este espantoso lugar, y llegas a ser rico, harás que nos trasladen a algún tranquilo cementerio de aldea, lejos, muy lejos de aquí..., donde podamos descansar en paz. Jorge, querido, prométeme que lo harás.

—Lo prometo, lo prometo—dijo él, dejándose caer apasionadamente de rodillas ante ella—. Háblame, María, una palabra más; una mirada... ¡sólo una!

Dejó de hablar el hombre, pues el brazo crispado en torno a su cuello se iba quedando rígido y yerto. Un profundo suspiro se escapó del cuerpo exhausto que tenía ante sí; los labios de la moribunda se movieron y una sonrisa aleteó en su rostro; pero los labios estaban blancos y la sonrisa se desvaneció tornándose en una rígida y cadavérica mueca. Estaba solo en el mundo.

Aquella noche, en el silencio y desolación de la mísera estancia, el infeliz se hincó de rodillas junto al cadáver de su esposa, y tomando a Dios por testigo hizo el terrible juramento de que a partir de aquel instante se consagraría a vengar la muerte de su mujer y la de su hijo; que de allí en adelante, hasta el último instante de su vida, todas sus energías se emplearían en este objetivo único; que su venganza sería larga y terrible; que su odio sería imperecedero e inextinguible; y que perseguiría su objeto a través del mundo entero.

The deepest despair, and passion scarcely human, had made such fierce ravages on his face and form, in that one night, that his companions in misfortune shrank affrighted from him as he passed by. His eyes were bloodshot and heavy, his face a deadly white, and his body bent as if with age. He had bitten his under lip nearly through in the violence of his mental suffering, and the blood which had flowed from the wound had trickled down his chin, and stained his shirt and neckerchief. No tear, or sound of complaint escaped him; but the unsettled look, and disordered haste with which he paced up and down the yard, denoted the fever which was burning within.

It was necessary that his wife's body should be removed from the prison, without delay. He received the communication with perfect calmness, and acquiesced in its propriety. Nearly all the inmates of the prison had assembled to witness its removal; they fell back on either side when the widower appeared; he walked hurriedly forward, and stationed himself alone, in a little railed area close to the lodge gate, from whence the crowd, with an instinctive feeling of delicacy, had retired. The rude coffin was borne slowly forward on men's shoulders. A dead silence pervaded the throng, broken only by the audible lamentations of the women, and the shuffling steps of the bearers on the stone pavement. They reached the spot where the bereaved husband stood: and stopped. He laid his hand upon the coffin, and mechanically adjusting the pall with which it was covered, motioned them onward. The turnkeys in the prison lobby took off their hats as it passed through, and in another moment the heavy gate closed behind it. He looked vacantly upon the crowd, and fell heavily to the ground.

Although for many weeks after this, he was watched, night and day, in the wildest ravings of fever, neither the

La profunda desesperación y la pasión sobrehumana habían causado tan fiero estrago en su rostro y porte, en aquella sola noche, que sus compañeros de infortunio se apartaban de él, espantados, al verle pasar. Los ojos estaban inyectados en sangre y opresivos, revestía su semblante mortal palidez y la espalda se doblegaba como bajo el peso de los años. La violencia de su dolor habíale obligado a morderse el labio inferior hasta cortárselo casi, y la sangre que brotó de la herida había resbalado por la barbilla, hasta manchar la camisa y el pañuelo. Ni una lágrima ni una queja se le escapaban; pero la mirada errante y la descompuesta prisa con que recorría el patio arriba y abajo, denotaban la fiebre en que ardía.

Era necesario sacar de la prisión, sin demora, el cadáver de su esposa. Recibió la noticia con perfecta calma, considerándola procedente. Casi todos los ocupantes de la prisión se habían congregado para presenciar el traslado; hiciéronse atrás a uno y otro lado cuando apareció el viudo, el cual, andando rápidamente, se colocó solo en una pequeña zona acotada junto a la verja de la portería, de donde la multitud se había apartado con instintivo sentimiento de delicadeza. El basto ataúd era llevado lentamente a hombros. Mortal silencio envolvía a la concurrencia, interrumpido sólo por los perceptibles sollozos de las mujeres y las torpes pisadas en el suelo de piedra de los portadores del ataúd. Llegaron al lugar donde permanecía el acongojado esposo; y se detuvieron. El puso la mano sobre el féretro y maquinalmente arregló el paño que lo cubría, haciendo después un ademán para que siguieran adelante. Los vigilantes del vestíbulo de la prisión se descubrieron al pasar el cadáver, y un momento después, la pesada puerta se había cerrado detrás de él. El viudo paseó una vacua mirada por la concurrencia, y cayó al suelo pesadamente.

Aunque se le observó noche y día, por espacio de muchas semanas, en los más violentos desvaríos de la fiebre, no le

consciousness of hiss loss, nor the recollection of the vow he had made, ever left him for a moment. Scenes changed before his eyes, place succeeded place, and event followed event, in all the hurry of delirium; but they were all connected in some way with the great object of his mind. He was sailing over a boundless expanse of sea, with a blood-red sky above, and the angry waters, lashed into fury beneath, boiling and eddying up, on every side. There was another vessel before them, toiling and labouring in the howling storm; her canvas fluttering in ribbons from the mast, and her deck thronged with figures who were lashed to the sides, over which huge waves every instant burst, sweeping away some devoted creatures into the foaming sea. Onward they bore, amidst the roaring mass of water, with a speed and force which nothing could resist; and striking the stern of the foremost vessel, crushed her beneath their keel. From the huge whirpool which the sinking wreck occasioned, arose a shriek so loud and shrill —the death-cry of a hundred drowning creatures, blended into one fierce yell—that it rung far above the war-cry of the elements, and echoed, and re-echoed till it seemed to pierce air, sky, and ocean. But what was that—that old gray-head that rose above the water's surface, and with looks of agony, and screams for aid, buffeted with the waves! One look, and he had sprung from the vessel's side, and with vigorous strokes was swimming towards it. He reached it; he was close upon it. They were *his* features. The old man saw him coming, and vainly strove to elude his grasp. But he clasped him tight, and dragged him beneath the water. Down, down with him, fifty fathoms down; his struggles grew fainter and fainter, until they wholly ceased. He was dead; he had killed him, and had kept his oath.

He was traversing the scorching sands of a mighty

abandonaron un momento la noción de la pérdida que había sufrido ni el recuerdo del juramento hecho. Ante sus ojos se transmutaban las escenas, se sucedían los lugares y se atropellaban los acontecimientos en el vértigo de su desvarío; pero todo estaba relacionado, de una manera u otra, con el objeto que era la obsesión de su pensamiento. Navegaba por un mar sin orillas, con un cielo rojo como la sangre encima, y las encolerizadas aguas, furiosamente hostigadas desde abajo, hervían y se arremolinaban por todos lados. Le precedía otro barco, empeñado y afanado en la aullante tempestad; el velamen colgaba del mástil hecho jirones, la cubierta rebosaba de criaturas atadas a los bordes, sobre las que a cada momento rompían gigantescas olas, que arrastraban consigo al mar cubierto de espuma algunos queridos seres. Avanzaban impetuosamente cruzando las rigientes masas de agua, con una velocidad y una fuerza incontenibles, y embistiendo la popa del buque delantero, lo aplastaron bajo su quilla. Del enorme remolino producido por el barco náufrago se levantó un aullido tan fuerte y penetrante—el grito de muerte de cien seres en trance de ahogarse confundido en un solo y fiero alarido—que resonó por encima del bélico grito de los elementos, y retumbó una vez y otra hasta dar la impresión de que rasgaba el aire, el cielo y el océano. Mas ¿qué era aquello? ¿Aquella anciana cabeza gris que emergía de la superficie del agua, y entre miradas de agonía y gritos pidiendo socorro, se debatía con las olas? Una sola mirada, y se arrojó desde la borda del barco, y con vigorosas brazadas nadó hacia aquello. Lo alcanzó; estaba a su lado mismo. Eran sus facciones. El viejo le vio llegar y se debatió vanamente por librarse de su garra. Pero él lo asió con firmeza y lo arrastró bajo el agua. Abajo, abajo con él, a cincuenta brazas de profundidad; la resistencia del viejo fue debilitándose cada vez más, hasta cesar por completo. Estaba muerto; lo había matado, cumpliendo su juramento.

Cruzaba las abrasadas arenas de un desierto infinito, des-

desert, barefoot and alone. The sand choked and blinded him; its fine thin grains entered the very pores of his skin, and irritated him almost to madness. Gigantic masses of the same material, carried forward by the wind, and shone through by the burning sun, stalked in the distance like pillars of living fire. The bones of men, who had perished in the dreary waste, lay scattered at his feet; a fearful light on everything around; so far as the eye could reach, nothing but objects of dread and horror presented themselves. Vainly striving to utter a cry of terror, with his tongue cleaving to his mouth, he rushed madly forward. Armed with supernatural strength, he waded through the sand, until, exhausted with fatigue and thirst, he fell senseless on the earth. What fragrant coolness revived him? what gushing sound was that? Water! It was indeed a well; and the clear fresh stream was running at his feet. He drank deeply of it, and throwing his aching limbs upon the bank, sank into a delicious trance. The sound of approaching footsteps roused him. An old gray-headed man tottered forward to slake his burning thirst. It was *he* again! He wound his arms round the old man's body, and held him back. He struggled, and shrieked for water—for but one drop of water to save his life! But he held the old man firmly, and watched his agonies with greedy eyes; and when his lifeless head fell forward on his bosom, he rolled the corpse from him with his feet.

When the fever left him, and consciousness returned, he awoke to find himself rich and free, to hear that the parent who would have let him die in jail—*would!* who *had* let those who were far dearer to him than his own existence die of want, and sickness of heart that medicine cannot cure—had been found dead in his bed of down. He had had all the heart to leave his son a beggar, but proud even of his health and strength, had put off the act

calzo y solo. La arena le sofocaba y le cegaba; sus finísimos granos se incrustaban en los poros de su piel, irritándolo hasta hacerle casi enloquecer. Masas gigantescas de arena, arrastradas por el viento, brillantes a los rayos del ardiente sol, se elevaban a lo lejos como pilares de fuego viviente. Los huesos de hombres que habían perecido en aquella espantosa desolación yacían desparramados a sus pies; un trágico resplandor iluminaba todo; hasta donde la mirada alcanzaba, no se ofrecían sino objetos de espanto y horror. Pugnando en vano por exhalar un grito de terror, con la lengua pegada al paladar, se lanzó insensatamente hacia adelante. Armado de un vigor sobrenatural, hendió las arenas, hasta que, rendido por la sed y la fatiga, cayó al suelo exánime. ¿Qué fragante frescor lo reanimó? ¿Qué borbolleante sonido era aquél? ¡Agua! Era en efecto un manantial; y la fresca y cristalina vena corría a sus pies. Bebió afanosamente, y estirando sus doloridos miembros al borde del arroyo, se hundió en un sopor delicioso. Le despertó el ruido de pasos que se aproximaban. Un anciano de cabello gris se acercaba tambaleante para calmar la sed que le abrasaba. ¡Otra vez él! Ciñó con sus brazos el cuerpo del viejo y lo sujetó sin dejarle avanzar. Se debatía y gritaba pidiendo agua; ¡una sola gota de agua para salvar la vida! Pero mantuvo al viejo firmemente sujeto, observando su agonía con mirada afanosa; y cuando la cabeza sin vida cayó sobre el pecho, apartó de sí el cadáver con el pie.

Cuando remitió la fiebre y recuperó la lucidez, despertó para encontrarse rico y libre; para enterarse de que el padre que lo habría dejado morir en prisión—¡que habría!, que había dejado morir de necesidad, y de ese dolor de corazón que la medicina no cura, a aquellos que le eran más queridos que su propia existencia—había sido hallado muerto en su lecho de plumón. Le hubiera sobrado corazón para dejar a su hijo en la miseria, pero orgulloso incluso de su salud y de su vigor, había demorado la puesta en práctica de esta de-

till it was too late, and now might gnash his teeth in the other world, at the thought of the wealth his remissness had left him. He awoke to this, and he awoke to more. To recollect the purpose for which he lived, and to remember that his enemy was his wife's own father—the man who had cast him into prison, and who, when his daughter and her child sued at his feet for mercy, had spurned them from his door. Oh, how he cursed the weakness that prevented him from being up, and active, in his scheme of vengeance!

He caused himself to be carried from the scene of his loss and misery, and conveyed to a quiet residence on the sea-coast; not in the hope of recovering his peace of mind or happiness, for both were fled for ever; but to restore his prostrate energies, and meditate on his darling object. And here, some evil spirit cast in his way the opportunity for his first, most horrible revenge.

It was summer-time; and wrapped in his gloomy thoughts, he would issue from his solitary lodgings early in the evening, and wandering along a narrow path beneath the cliffs, to a wild and lonely spot that had struck his fancy in his ramblings, seat himself on some fallen fragment of the rock, and burying his face in his hands, remain there for hours—sometimes until night had completely closed in, and the long shadows of the frowning cliffs above his head cast a thick, black darkness on every object near him.

He was seated here, one calm evening, in his old position, now and then raising his head to watch the flight of a sea-gull, or carry his eye along the glorious crimson path, which, commencing in the middle of the ocean, seemed to lead to its very verge where the sun was setting, when the profound stillness of the spot was broken by a loud cry for help; he listened, doubtful of his having heard aright, when

cisión hasta que fue demasiado tarde, y en aquellos momentos estaría en el otro mundo, rechinando los dientes al pensar en la riqueza que su indolencia le dejaba. Despertó para eso, y despertó para más. Para recordar la finalidad de su vida y para recordar que su enemigo era precisamente el padre de su esposa, el hombre que lo había enviado a la cárcel, y que, cuando su hija y su niño se echaron a sus plantas en demanda de misericordia, los arrojó despectivamente de su casa. ¡Oh, cuánto maldecía la debilidad que le impedía ponerse en pie y empezar a desarrollar sus planes de venganza!

Hizo que lo sacaran del escenario de su desgracia y miseria, trasladándose a una tranquila residencia de la costa; mas no con la esperanza de recuperar la paz del ánimo ni la felicidad, pues ambas habían huido para siempre, sino para restaurar sus postradas energías y meditar en su acariciado proyecto. Y aquí algún espíritu maligno puso en su camino la oportunidad para su primera y más horrible venganza.

Era verano; sumido en sus lúgubres pensamientos, salía de su solitario alojamiento al atardecer, y vagando por un estrecho sendero al pie del acantilado, llegaba hasta un lugar agreste y solitario que le había impresionado en el curso de sus paseos, se sentaba en alguna piedra, fragmento desprendido de las rocas, y ocultando el rostro entre las manos, permanecía allí durante horas enteras; a veces hasta que era de noche y las largas sombras de las torvas roquedades que se elevaban sobre su cabeza proyectaban densa y negra oscuridad sobre cuanto le rodeaba.

Estaba allí sentado, un plácido atardecer, en su postura habitual, levantando de vez en vez la cabeza para observar el vuelo de una gaviota o recorrer con la vista el maravilloso sendero cárdeno que, partiendo del centro del océano, parecía conducir al mismísimo borde del vacío donde el sol se hundía, cuando la profunda quietud del lugar fue perturbada por un penetrante grito de petición de socorro; es-

the cry was repeated with even greater vehemence than before, and, starting to his feet, he hastened in the direction whence it proceeded.

The tale told itself at once: some scattered garments lay on the beach; a human head was just visible above the waves at a little distance from the shore; and an old man, wringing his hands in agony, was running to and fro, shrieking for assistance. The invalid, whose strength was now sufficiently restored, threw off his coat, and rushed towards the sea, with the intention of plunging in, and dragging the drowning man ashore.

'Hasten here, sir, in God's name; help, help, sir, for the love of Heaven. He is my son, sir, my only son!' said the old man frantically, as he advanced to meet him. 'My only son, sir, and he is dying before his father's eyes!'

At the first word the old man uttered, the stranger checked himself in his career, and, folding his arms, stood perfectly motionless.

'Great God!' exclaimed the old man, recoiling, 'Heyling!'

The stranger smiled, and was silent.

'Heyling!' said the old man wildly; 'my boy, Heyling, my dear boy, look, look!'

Gasping for breath, the miserable father pointed to the spot where the young man was struggling for life.

'Hark!' said the old man. 'He cries once more. He is alive yet. Heyling, save him, save him!'

The stranger smiled again, and remained immovable as a statue.

'I have wronged you,' shrieked the old man, falling on his knees, and clasping his hands together. 'Be revenged; take my all, my life; cast me into the water at your feet, and, if human nature can repress a struggle, I will die,

cuchó, con la duda de si habría oído bien, cuando se repitió el grito con mayor vehemencia aún que antes, y, poniéndose de un salto en pie, corrió en la dirección de donde provenía.

Al punto se reveló lo que ocurría: unas cuantas prendas de vestir estaban dispersas en la playa; una cabeza humana se veía apenas sobre las olas, a poca distancia de la orilla; y un anciano, que se retorcía las manos presa de mortal angustia, corría de un lado para otro, gritando en petición de socorro. El enfermo, cuyas fuerzas estaban a la sazón suficientemente restablecidas, se quitó la chaqueta y corrió hacia el mar, con el propósito de arrojarse al agua y arrastrar a la orilla al hombre en trance de ahogarse.

—Pronto, señor, por amor de Dios; socorro, socorro, en nombre del cielo. ¡Es mi hijo, señor, mi único hijo!—exclamó frenéticamente el anciano, corriendo a su encuentro—. ¡Mi único hijo, señor, y está pereciendo ante los ojos de su padre!

A la primera palabra que pronunció el viejo, el forastero se detuvo en su carrera, y, cruzándose de brazos, quedó inmóvil.

—¡Dios mío!—exclamó el anciano, retrocediendo—. ¡Heyling!

El forastero sonrió, y guardó silencio.

—¡Heyling!—exclamó fuera de sí el anciano—, ¡mi hijo, mi querido hijo, mira, mira!

Respirando entrecortadamente, el desgraciado padre señalaba el lugar donde el joven luchaba por su vida.

—¡Escucha! Ha vuelto a gritar. Todavía vive. ¡Heyling, sálvalo, sálvalo!

El desconocido sonrió de nuevo, y permaneció inmóvil como una estatua.

—Fui injusto contigo—gritó el anciano, cayendo de rodillas y juntando las manos—. Véngate; toma todo lo que tengo, toma mi vida; arrójame al agua y, si la naturaleza humana puede reprimir el impulso de lucha por la vida,

without stirring hand or foot. Do it, Heyling, do it, but save my boy; he is so young, Heyling, so young to die!'

'Listen,' said the stranger, grasping the old man fiercely by the wrist; 'I will have life for life, and here is ONE. *My* child died, before his father's eyes, a far more agonising and painful death than that young slanderer of his sister's worth is meeting while I speak. You laughed—laughed in your daughter's face, where death had already set his hand—at our sufferings, then. What think you of them now! See there, see there!'

As the stranger spoke, he pointed to the sea. A faint cry died away upon its surface; the last powerful struggle of the dying man agitated the rippling waves for a few seconds; and the spot where he had gone down into his early grave, was undistinguishable from the surrounding water.

Three years had elapsed, when a gentleman alighted from a private carriage at the door of a London attorney, then well known as a man of no great nicety in his professional dealings, and requested a private interview on business of importance. Although evidently not past the prime of life, his face was pale, haggard, and dejected; and it did not require the acute perception of the man of business, to discern at a glance, that disease or suffering had done more to work a change in his appearance, than the mere hand of time could have accomplished in twice the period of his whole life.

'I wish you to undertake some legal business for me,' said the stranger.

The attorney bowed obsequiously, and glanced at a large packet which the gentleman carried in his hand. His visitor observed the look, and proceeded.

moriré sin mover una mano. ¡Hazlo, Heyling, hazlo, pero salva a mi hijo! ¡Es muy joven, Heyling, es muy joven para morir!

—Escuche—dijo el desconocido, cogiendo brutalmente al viejo por la muñeca—; quiero vida por vida, y aquí hay una. Mi hijo murió, ante los ojos de su padre, de muerte mucho más lenta y dolorosa que la que tiene ante sí en estos momentos ese joven difamador de la dignidad de su hermana. Usted se reía, se reía en la misma cara de su hija, donde la muerte había puesto ya su mano, se reía de nuestros sufrimientos. ¿Qué piensa usted ahora de ellos? ¡Mire, mire allí!

Y así hablando, el forastero señalaba al mar. Un débil grito se extinguió sobre su superficie; el último esfuerzo del moribundo agitó por unos instantes las rizadas olas; y el lugar donde se hundió para buscar su tumba prematura se borró entre las aguas circundantes.

Tres años habían pasado cuando un caballero se apeó de un coche particular ante la puerta de un abogado de Londres, bien conocido a la sazón como hombre de pocos escrúpulos en sus actividades profesionales, y solicitó una entrevista privada para tratar de un asunto importante. Aunque sin duda aún no había dejado atrás la plenitud de la vida, su rostro aparecía descolorido, macilento y desmazalado; y no era preciso tener la aguda perspicacia del profesional para apreciar con una sola ojeada que las enfermedades o los sufrimientos habían influido más en la alteración de su aspecto que lo que la simple mano del tiempo hubiera realizado en un lapso dos veces más largo que su edad.

—Deseo que se haga cargo de un asunto legal por mi cuenta—dijo el desconocido.

El abogado hizo una obsequiosa inclinación de cabeza y echó una mirada a un voluminoso paquete que el caballero llevaba en la mano. El visitante observó la mirada, y prosiguió:

'It is no common business,' said he; 'nor have these papers reached my hands without long trouble and great expense.'

The attorney cast a still more anxious look at the packet; and his visitor, untying the string that bound it, disclosed a quantity of promissory notes, with copies of deeds, and other documents.

'Upon these papers,' said the client, 'the man whose name they bear, has raised, as you will see, large sums of money, for years past. There was a tacit understanding between him and the men into whose hands they originally went—and from who I have by degrees purchased the whole, for treble and quadruple their nominal value—that these loans should be from time to time renewed, until a given period had elapsed. Such an understanding is nowhere expressed. He has sustained many losses of late; and these obligations accumulating upon him at once, would crush him to the earth.'

'The whole amount is many thousands of pounds,' said the attorney, looking over the papers.

'It is,' said the client.

'What are we to do?' inquired the man of business.

'Do!' replied the client, with sudden vehemence. 'Put every engine of the law in force, every trick that ingenuity can devise and rascality execute; fair means and foul; the open oppressions of the law, aided by all the craft of its most ingenious practitioners. I would have him die a harassing and lingering death. Ruin him, seize and sell his lands and goods, drive him from house and home, and drag him forth a beggar in his old age, to die in a common jail.'

'But the costs, my dear sir, the costs of all this,' reasoned the attorney, when he had recovered from his moment-

—No se trata de un asunto vulgar—dijo—; ni estos papeles han llegado a mis manos sin muchos trabajos y grandes gastos.

El abogado lanzó una mirada más curiosa aún sobre el paquete; y desatando el visitante la cuerda que lo sujetaba, exhibió una gran cantidad de pagarés, con copias de escrituras y otros documentos.

—Con la garantía de estos papeles—dijo el cliente—, la persona cuyo nombre llevan ha obtenido, como usted verá, grandes sumas de dinero en el curso de años. Existía un tácito acuerdo entre él y los hombres en cuyas manos obraron en un principio—y de los cuales he ido adquiriendo la totalidad poco a poco, por el triple o el cuádruple de su valor nominal—de que estos préstamos habrían de renovarse de tiempo en tiempo, hasta expirar un periodo determinado. En ningún sitio figura ese convenio. Recientemente ha sufrido grandes pérdidas; y estas obligaciones acumuladas sobre él simultáneamente darán con él en tierra.

—El importe total asciende a muchos miles de libras—dijo el abogado, mirando los documentos por encima.

—Así es—repuso el cliente.

—¿Qué vamos a hacer?—preguntó el hombre de negocios.

—¿El qué?—replicó el cliente, con súbita vehemencia—. Poner en acción todos los resortes de la ley, todos los recursos que el ingenio sea capaz de idear y la truhanería realizar; procedimientos lícitos y procedimientos sucios; el peso estricto de la ley, ayudada por toda la tramoya de los más sutiles picapleitos. Quiero que muera de muerte atosigada y lenta. Arruinarle, embargar y vender sus tierras y sus bienes, arrojarle de su casa, arrastrarle a la mendicidad en los últimos años de su vida, para que muera en una cárcel de delincuentes comunes.

—Pero las costas, mi querido señor, las costas de todo esto—argumentó el abogado, una vez repuesto de su momen-

ary surprise. 'If the defendant be a man of straw, who is to pay the cost, sir?'

'Name any sum,' said the stranger, his hand trembling so violently with excitement, that he could scarcely hold the pen he seized as he spoke—'any sum, and it is yours. Don't be afraid to name it, man. I shall not think it dear, if you gain my object.'

The attorney named a large sum, at hazard, as the advance he should require to secure himself against the possibility of loss; but more with the view of ascertaining how far his client was really disposed to go, than with any idea that he would comply with the demand. The stranger wrote a cheque upon his banker, for the whole amount, and left him.

The draft was duly honoured, and the attorney, finding that his strange client might be safely relied upon, commenced his work in earnest. For more than two years afterwards, Mr. Heyling would sit whole days together, in the office, poring over the papers as they accumulated, and reading again and again, his eyes gleaming with joy, the letters of remonstrance, the prayers for a little delay, the representations of the certain ruin in which the opposite party must be involved, which poured in, as suit after suit, and process after process, was commenced. To all applications for a brief indulgence, there was but one reply—the money must be paid. Land, house, furniture, each in its turn, was taken under some one of the numerous executions which were issued; and the old man himself would have been immured in prison had he not escaped the vigilance of the officers, and fled.

The implacable animosity of Heyling, so far from being satiated by the success of his persecution, increased a hundredfold with the ruin he inflicted. On being informed of the old man's flight, his fury was unbounded. He gnashed his teeth with rage, tore the hair from his head, and assailed

tánea sorpresa—. Si el demandado resultara insolvente, ¿quién pagará las costas?

—Mencione una suma—dijo el desconocido, cuya mano temblaba tan violentamente por la emoción, que apenas podía sostener la pluma que cogió mientras hablaba—, la suma que sea, y será suya. No tenga reparo en decirla, hombre.

El abogado citó una suma grande, al azar, en concepto de anticipo necesario para asegurarse contra una posible pérdida; pero más bien con objeto de apreciar hasta dónde estaba realmente dispuesto a llegar su cliente, que en la creencia de que se avendría a su demanda. El desconocido extendió un cheque sobre su banco por la cantidad total, y se marchó.

El cheque fue debidamente atendido, y persuadido el abogado de que podía confiar por completo en su extraño cliente, emprendió diligentemente su trabajo. Durante más de dos años, a partir de entonces, el señor Heyling se pasó días enteros en el despacho, examinando los papeles a medida que se iban acumulando, y leyendo y releyendo, con ojos brillantes de alegría, las cartas de protesto, las súplicas de pequeñas moratorias, los alegatos sobre la ruina cierta a que se vería abocada la parte contraria, que fueron reiterándose a medida que comenzaba pleito tras pleito, proceso tras proceso. Para todas las súplicas en demanda de una breve prórroga, sólo tenía una respuesta: había que pagar. Tierras, casa, enseres, cada cosa en su momento, todo fue embargado sucesivamente por las numerosas ejecuciones decretadas; y el propio viejo se habría visto entre los muros de la prisión, de no haberse hurtado a la vigilancia de los agentes y desaparecido.

La implacable animosidad de Heyling, lejos de verse satisfecha por el éxito de su persecución, centuplicóse con la ruina producida. Y al enterarse de la huida del viejo, su furor no tuvo límites. Rechinaron sus dientes de rabia, se arrancó los cabellos y denostó con terribles imprecaciones a

with horrid imprecations the men who had been intrusted with the writ. He was only restored to comparative calmness by repeated assurances of the certainty of discovering the fugitive. Agents were sent in quest of him, in all directions; every stratagem that could be invented was resorted to, for the purpose of discovering his place of retreat; but it was all in vain. Half a year had passed over, and he was still undiscovered.

At length late one night, Heyling, of whom nothing had been seen for many weeks before, appeared at his attorney's private residence, and sent up word that a gentleman wished to see him instantly. Before the attorney, who had recognised his voice from above stairs, could order the servant to admit him, he had rushed up the staircase, and entered the drawing-room pale and breathless. Having closed the door, to prevent being overhead, he sank into a chair, and said, in a low voice—

'Hush! I have found him at last.'

'No!' said the attorney. 'Well done, my dear sir, well done.'

'He lies concealed in a wretched lodging in Camden Town,' said Heyling. 'Perhaps it is as well we *did* lose sight of him, for he has been living alone there, in the most abject misery, all the time, and he is poor—very poor.'

'Very good,' said the attorney. 'You will have the caption made to-morrow, of course?'

'Yes,' replied Heyling. 'Stay! No! The next day. You are surprised at my wishing to postpone it,' he added, with a ghastly smile; 'but I had forgotten. The next day is an anniversary in his life: let it be done then.'

'Very good,' said the attorney. 'Will you write down instructions for the officer?'

los agentes que habían recibido el auto de prisión. Sólo tras asegurársele reiteradamente que el fugitivo sería hallado, se tranquilizó en parte. Enviáronse agentes en todas direcciones en su persecución; se recurrió a cuantas estratagemas pudieron idearse para descubrir su escondite; pero todo fue en vano. Había transcurrido un año y continuaba sin ser hallado.

Por fin, una noche, a hora avanzada, Heyling, de quien no se sabía nada desde muchas semanas antes, se presentó en el domicilio particular de su abogado, y le mandó aviso de que un caballero deseaba verlo al instante. Antes de que el abogado, que ya había reconocido su voz desde lo alto de la escalera, pudiera decir al criado que lo hiciera pasar, el visitante se había lanzado escaleras arriba y entraba en el despacho, pálido y jadeante. Después de cerrar la puerta para que nadie escuchara, se dejó caer en una silla, y dijo en voz baja:

—¡Chitón! Por fin lo encontré.

—¡No!—exclamó el abogado—. Muy bien, querido señor, muy bien.

—Se esconde en un mísero alojamiento de Camden Town —dijo Heyling—. Tal vez haya sido conveniente que lo perdiéramos de vista, pues ha vivido allí, solo, en la miseria más abyecta, durante todo este tiempo, y es pobre..., muy pobre.

—Muy bien—manifestó el abogado—. ¿Querrá usted que el mandamiento esté dispuesto mañana, desde luego?

—Sí—repuso Heyling—. ¡Espere! ¡No! Pasado mañana. Le sorprende a usted este deseo mío de aplazamiento—añadió con siniestra sonrisa—; es que me había olvidado. Pasado mañana es un aniversario en su vida: que se haga entonces.

—Muy bien—repuso el abogado—. ¿Quiere dar sus instrucciones por escrito al agente?

'No; let him meet me here, at eight in the evening, and I will accompany him myself.'

They met on the appointed night, and, hiring a hackney-coach, directed the driver to stop at that corner of the old Pancras Road, at which stands the parish workhouse. By the time they alighted there, it was quite dark; and proceeding by the deal wall in front of the Veterinary Hospital, they entered a small by-street, which is, or was at that time, called Little College Street, and which, whatever it may be now, was in those days a desolate place enough, surrounded by little else than fields and ditches.

Having drawn the travelling-cap he had on half over his face, and muffled himself in his cloak, Heyling stopped before the meanest-looking house in the street, and knocked gently at the door. It was at once opened by a woman, who dropped a curtsey of recognition, and Heyling, whispering the officer to remain below, crept gently upstairs, and, opening the door of the front room, entered at once.

The object of his search and his unrelenting animosity, now a decrepit old man, was seated at a bare deal table, on which stood a miserable candle. He started on the entrance of the stranger, and rose feebly to his feet.

'What now, what now?' said the old man. 'What fresh misery is this? What do you want here?'

'A word with *you,*' replied Heyling. As he spoke, he seated himself at the other end of the table, and, throwing off his cloak and cap, disclosed his features.

The old man seemed instantly deprived of speech. He fell backward in his chair, and, clasping his hands together, gazed on the apparition with a mingled look of abhorrence and fear.

—No; que venga a buscarme aquí, a las ocho de la noche, y le acompañaré yo mismo.

Se reunieron la noche convenida, y, alquilando un coche de punto, dieron instrucciones al cochero para que se detuviera en la esquina del antiguo Pancras Road, donde está el asilo de la parroquia. Cuando se apearon allí del coche era noche cerrada; y, siguiendo el paredón frontero al Hospital de Veterinaria, entraron en una callejuela, que se llama, o se llamaba entonces, calle del Pequeño Colegio, y que, cualquiera que sea su actual condición, era en aquellos días un lugar casi desierto, rodeado casi completamente por campo y desmontes.

Encasquetándose la gorra de viaje que llevaba hasta cubrirse la mitad del rostro, y embozándose en su capa, Heyling se detuvo ante la más miserable casa de aquella calle y llamó discretamente a la puerta. En seguida abrió una mujer, que hizo una reverencia al reconocerle, y Heyling, tras indicar al agente con un susurro que se quedara abajo, subió sin hacer ruido la escalera, y, abriendo la puerta del cuarto del centro, penetró en él rápidamente.

El objeto de sus pesquisas y de su animosidad implacable, convertido a la sazón en un viejo decrépito, estaba sentado ante una mesa desmantelada, en la que había una mísera vela. Se estremeció al entrar el desconocido, y se puso en pie trabajosamente.

—¿Qué es esto? ¿Qué es esto?—exclamó el anciano—. ¿Qué nueva desgracia es ésta? ¿Qué busca usted aquí?

—Unas palabras con usted—repuso Heyling. Al decir esto, tomó asiento al otro extremo de la mesa, y, despojándose de la capa y de la gorra, dejó el rostro al descubierto.

El anciano pareció quedar en ese instante privado del uso de la palabra. Se desplomó en la silla, y, juntando las manos, miró a la aparición con una expresión en la que se mezclaban el odio y el temor.

'This day six years,' said Heyling, 'I claimed the life you owed me for my child's. Beside the lifeless form of your daughter, old man, I swore to live a life of revenge. I have never swerved from my purpose for a moment's space; but if I had, one thought of her uncomplaining, suffering look, as she drooped away, or of the starving face of our innocent child, would have nerved me to my task. My first act of requital you well remember: this is my last.'

The old man shivered, and his hands dropped powerless by his side.

'I leave England to-morrow,' said Heyling, after a moments' pause. 'To-night I consign you to the living death to which you devoted her—a hopeless prison——'

He raised his eyes to the old man's countenance, and paused. He lifted the light to his face, set it gently down, and left the apartment.

'You had better see to the old man,' he said to the woman as he opened the door, and motioned the officer to follow him into the street. 'I think he is ill.'

The woman closed the door, ran hastily upstairs, and found him lifeless.

Beneath a plain gravestone, in one of the most peaceful and secluded churchyards in Kent, where wild flowers mingle with the grass, and the soft landscape around forms the fairest spot in the garden of England, lie the bones of the young mother and her gentle child. But the ashes of the father do not mingle with theirs; nor, from that night forward, did the attorney ever gain the remotest clue to the subsequent history of his queer client.

—Hoy hace seis años—dijo Heyling—, reivindiqué la vida que me debía usted por la de mi hijo. Junto al cuerpo inanimado de su hija, anciano, juré vivir una vida dedicada a la venganza. Desde entonces no he desfallecido en mi propósito por un solo instante; pero si hubiera flaqueado, el solo recuerdo de la expresión de resignado dolor de su rostro en el momento del tránsito, o el de la cara de hambre de nuestro inocente niño, habría renovado mis energías para cumplir mi tarea. Mi primer acto de venganza bien lo recordará usted; éste es el último.

El viejo se estremeció, y sus manos cayeron inertes a lo largo del cuerpo.

—Mañana salgo de Inglaterra—dijo Heyling, después de una breve pausa—. Esta noche le entrego a usted a esa muerte en vida a la que usted condenó a ella..., una prisión sin esperanza...

Levantó los ojos para ver la expresión del anciano, y guardó silencio. Alzó la luz para acercarla al rostro, volvió a dejarla suavemente en la mesa, y salió del cuarto.

—Conviene que vaya usted a ver al anciano—dijo a la mujer, al abrir la puerta, e hizo una seña al agente para que le siguiera a la calle—; creo que está enfermo.

La mujer cerró la puerta, subió rápidamente la escalera y encontró al viejo sin vida.

Bajo una sencilla losa, en uno de los más apacibles y retirados cementerios de Kent, donde las flores silvestres se mezclan con la hierba, y cuyo paisaje de tonos suaves que lo rodea forma el más hermoso rincón en el jardín de Inglaterra, reposan los restos de la joven madre y su tierno niño. Pero las cenizas del padre no se mezclan con las suyas; ni, a partir de aquella noche, tuvo el abogado la más mínima noticia de los subsiguientes avatares de su extraño cliente.

Hunted Down

I

Most of us see some romances in life. In my capacity as Chief Manager of a Life Assurance Office, I think I have within the last thirty years seen more romances than the generality of men, however unpromising the opportunity may, at first sight, seem.

As I have retired, and live at my ease, I possess the means that I used to want, of considering what I have seen, at leisure. My experiences have a more remarkable aspect, so reviewed, than they had when they were in progress. I have come home from the Play now, and can recall the scenes of the Drama upon which the curtain has fallen, free from the glare, bewilderment, and bustle of the Theatre.

Let me recall one of these Romances of the real world.

There is nothing truer than physiognomy, taken in connection with manner. The art of reading that book of which Eternal Wisdom obliges every human creature to present his or her own page with the individual character written on it, is a difficult one, perhaps, and is little studied. It may require some natural aptitude, and it must require (for everything does) some patience and some pains. That these are not usually given to it, —that numbers of people accept a few stock commonplace expressions of the face as the whole list of characteristics, and neither seek nor know

I

Muchos de nosotros hemos sido testigos de novelas vividas. En mi condición de gerente principal de una compañía de seguros de vida, creo que he visto, en los últimos treinta años, más novelas que la generalidad de los hombres ven, por poco prometedora que la oportunidad pueda parecer a primera vista.

Pues que estoy retirado y vivo con desahogo, dispongo de los medios que solía apetecer de considerar con sosiego lo que he visto. Mis experiencias ofrecen, examinadas de esta manera, un aspecto más notable que cuando estaban en pleno desarrollo. Ya he vuelto de la representación a casa y puedo rememorar las escenas del drama sobre el que ha caído el telón, libre del fulgor, del aturdimiento y del bullicio del teatro.

Permitidme que rememore una de esas novelas del mundo real.

Nada hay más auténtico que la ciencia de la fisonomía, considerada en relación con el comportamiento. El arte de leer en ese libro del que la Eterna Sabiduría obliga a todas las criaturas humanas a ofrecer su propia página con su carácter individual escrito en ella, es, tal vez, difícil, y está poco estudiado. Puede exigir cierta aptitud natural, y exige, como todas las cosas, un poco de paciencia y algún esfuerzo que, por lo común, no se aportan; que la mayoría de las personas aceptan un corto número de expresiones faciales, corrientes como la lista completa de características, y que ni buscan ni

the refinements that are truest,—that You, for instance, give a great deal of time and attention to the reading of music, Greek, Latin, French, Italian, Hebrew, if you please, and do not qualify yourself to read the face of the master or mistress looking over your shoulder teaching it to you,—I assume to be five hundred times more probable than improbable. Perhaps a little self-sufficiency may be at the bottom of this; facial expression requires no study from you, you think; it comes by nature to you to know enough about it, and you are not to be taken in.

I confess, for my part, that I *have* been taken in, over and over again. I have been taken in by acquaintances, and I have been taken in (of course) by friends; far oftener by friends than by any other class of persons. How came I to be so deceived? Had I quite misread their faces?

No. Believe me, my first impression of those people, founded on face and manner alone, was invariably true. My mistake was in suffering them to come nearer to me and explain themselves away.

II

The partition which separated my own office from our general outer office in the City was of thick plate-glass. I could see through it what passed in the outer office, without hearing a word. I had it put up in place of a wall that had been there for years,—ever since the house was built. It is no matter whether I did or did not make the change in order that I might derive my first impression of strangers who came to us on business, from their faces alone, without being influenced by anything they said. Enough to mention that I turned my glass partition to that

conocen los refinamientos más auténticos; que usted, por ejemplo, concede amplio espacio de tiempo y atención al estudio de la música, el griego, el latín, el francés, el italiano, el hebreo, si le parece, y no se pone en condiciones de leer el rostro del profesor o profesora que se inclina sobre su hombro para enseñarle; presumo que es quinientas veces más probable que improbable. Tal vez haya un poco de presunción en el fondo de ello; la expresión facial no exige estudio por su parte, piensa usted; sobre el particular sabe usted lo suficiente de forma espontánea y natural, y no le van a engañar a usted.

Por lo que me toca, confieso que a mí me han engañado una y otra vez. Me han engañado personas conocidas; me han engañado, desde luego, amigos; mucho más a menudo he sido engañado por amigos que por otra clase de personas. ¿Cómo he podido ser burlado de esta manera? ¿Me equivoqué de plano cuando leí en sus rostros?

No. Creedme, mi primera impresión sobre esas gentes, basada exclusivamente en el rostro y en el comportamiento, era siempre correcta. Mi error consistía en permitir que se acercaran más a mí y se definieran a sí mismos.

II

La mampara que separaba mi despacho de la oficina principal exterior, en la City, era de grueso vidrio. A través de ella podía ver lo que pasaba en la oficina exterior, sin oír una sola palabra. La había mandado poner en lugar de una pared que llevaba allí muchos años; en realidad, desde que se construyó la casa. Es indiferente que yo introdujera o no este cambio con el propósito de obtener mi primera impresión de los desconocidos que nos visitaban en relación con nuestra actividad, a base, exclusivamente, de sus rostros, sin dejarme influir por nada de lo que dijeran. Basta con decir

account, and that a Life Assurance Office is at all times exposed to be practised upon by the most crafty and cruel of the human race.

It was through my glass partition that I first saw the gentleman whose story I am going to tell.

He had come in without my observing it, and had put his hat and umbrella on the broad counter, and was bending over it to take some papers from one of the clerks. He was about forty or so, dark, exceedingly well dressed in black,—being in mourning,— and the hand he extended with a polite air, had a particularly well-fitting black-kid glove upon it. His hair, which was elaborately brushed and oiled, was parted straight up the middle; and he presented this parting to the clerk, exactly (to my thinking) as if he had said, in so many words: 'You must take me, if you please, my friend, just as I show myself. Come straight up here, follow the gravel parth, keep off the grass, I allow no trespassing.'

I conceived a very great aversion to that man the moment I thus saw him.

He had asked for some of our printed forms, and the clerk was giving them to him and explaining them. An obliged and agreeable smile was on his face, and his eyes met those of the clerk with a sprightly look. (I have known a vast quantity of nonsense talked about bad men not looking you in the face. Don't trust that conventional idea. Dishonesty will stare honesty out of countenance, any day in the week, if there is anything to be got by it.)

I saw, in the corner of his eyelash, that he became aware of my looking at him. Immediately he turned the parting in his hair toward the glass partition, as if he said to me with a sweet smile, 'Straight up here, if you please. Off the grass!'

que utilicé para eso mi tabique de cristal, y que una compañía de seguros de vida está expuesta, en todo momento, a ser abordada por lo más taimado y cruel de la raza humana.

A través de mi tabique de cristal vi por vez primera al caballero cuya historia voy a relatar.

Había entrado sin que yo lo advirtiera, y había dejado el sombrero y el paraguas en el ancho mostrador, sobre el que se inclinaba, para recoger unos papeles que le ofrecía uno de los empleados. Aparentaba unos cuarenta años; moreno, extraordinariamente bien vestido de negro—iba de luto—, y la mano, que extendía con refinado ademán, estaba embutida en un guante de cabritilla negra perfectamente ajustado. El cabello, cuidadosamente cepillado y engomado, estaba partido en el centro por una raya recta; y presentaba esta raya al empleado, precisamente (pensé yo) como si le dijera, ni más ni menos: 'Amigo mío, tienes que aceptarme, si te parece, tal como me muestro. Sigue todo derecho por aquí, por el sendero de grava, y no pises la hierba, pues no admito intrusiones.'

En el mismo instante de verlo, concebí aversión profunda por aquel hombre.

Había pedido algunos de nuestros formularios impresos, que el empleado le entregaba, al tiempo que le facilitaba algunas explicaciones. En su rostro se dibujaba una agradable sonrisa de agradecimiento, y sus ojos encontraban los del empleado con mirada vivaracha. (He oído muchísimas tonterías sobre que los malvados no miran a la cara. No den ustedes crédito a opinión tan convencional. La improbidad mirará fijamente a la rectitud, hasta desconcertarla, en cualquier momento, si con ello ha de obtener algún provecho.)

Observé que con el rabillo del ojo se había dado cuenta de que yo lo estaba mirando. Inmediatamente volvió la raya que le dividía el cabello hacia el tabique de cristal, como si me dijera con melosa sonrisa: 'Sigue todo derecho, por favor. ¡Sin pisar la hierba!'

In a few moments he had put on his hat and taken up his umbrella, and was gone.

I beckoned the clerk into my room, and asked, 'Who was that?'

He had the gentleman's card in his hand. 'Mr. Julius Slinkton, Middle Temple.'

'A barrister, Mr. Adams?'

'I think not, sir.'

'I shoud have thought him a clergyman, but for his having no Reverend here,' said I.

'Probably, from his appearance,' Mr. Adams replied, 'he is reading for orders.'

I should mention that he wore a dainty white cravat, and dainty linen altogether.

'What did he want, Mr. Adams?'

'Merely a form of proposal, sir, and form of reference.'

'Recommended here? Did he say?'

'Yes, he said he was recommended here by a friend of yours. He noticed you, but said that as he had not the pleasure of your personal acquaintance he would not trouble you.'

'Did he know my name?'

'O yes, sir! He said, 'There *is* Mr. Sampson, I see!''

'A well-spoken gentleman apparently?'

'Remarkably so, sir.'

'Insinuating manners, apparently?'

'Very much so, indeed, sir.'

'Hah!' said I. 'I want nothing at present, Mr. Adams.'

Within a fortnight of that day I went to dine with a friend of mine, a merchant, a man of taste, who buys pictures and books; and the first man I saw among the company was Mr. Julius Slinkton. There he was, standing before the fire, with good large eyes and an open expression

Un momento después se puso el sombrero, cogió el paraguas y se marchó. Llamé a mi despacho al empleado.

—¿Quién era?—le pregunté.

—El señor Slinkton, Julio Slinkton, de Middle Temple * —repuso, mirando la tarjeta que tenía en la mano.

—¿Un abogado, señor Adams?

—Creo que no, señor.

—Lo hubiera tomado por un pastor, pero en su tarjeta no aparece la palabra reverendo **.

—Probablemente, y a juzgar por su aspecto—repuso el señor Adams—, estudia para tomar órdenes.

Debo indicar que llevaba un exquisito plastón blanco, y también ropa blanca exquisita.

—¿Qué quería, señor Adams?

—Sólo un formulario de solicitud y otro para referencias.

—¿Venía recomendado a nosotros? ¿Dijo algo?

—Sí, ha dicho que venía recomendado aquí por un amigo de usted. Le vio a usted, pero manifestó que como no tenía el placer de conocerlo personalmente, no quería molestarlo.

—¿Sabía mi nombre?

—Sí, señor. Dijo: '¡Ahí está el señor Sampson!'

—Un caballero con don de palabra, por lo que observo.

—En sumo grado, señor.

—¿Modales insinuantes, por lo que se observa?

—Sumamente, señor, desde luego.

—¡Ah! Nada más por ahora, señor Adams.

Quince días después fui a comer con un amigo mío, comerciante, hombre de gusto, que compra cuadros y libros; la primera persona a quien vi entre los reunidos fue el señor Slinkton. Allí estaba, de pie delante del fuego, con sus hermosos ojos grandes y abierta expresión; pero siempre, a mi

* Middle Temple es el corazón del distrito donde viven y ejercen su profesión los abogados, procuradores y jueces, en Londres.

** Los pastores protestantes gozan del título de 'Reverendo'.

of face; but still (I thought) requiring everybody to come at him by the prepared way he offered, and by no other.

I noticed him ask my friend to introduce him to Mr. Sampson, and my friend did so. Mr. Slinkton was very happy to see me. Not too happy; there was no over-doing of the matter; happy in a thoroughly well-breed, perfectly unmeaning way.

'I thought you had met,' our host observed.

'No,' said Mr. Slinkton. 'I did look in at Mr. Sampson's office, on your recommendation; but I really did not feel justified in troubling Mr. Sampson himself, on a point in the everyday routine of an ordinary clerk.'

I said I should haven been glad to show him any attention on our friend's introduction.

'I am sure of that,' said he, 'and am much obliged. At another time, perhaps, I may be less delicate. Only, however, if I have real business; for I know, Mr. Sampson, how precious business time is, and what a vast number of impertinent people there are in the world.'

I acknowledged his consideration with a slight bow.

'You were thinking,' said I, 'of effecting a policy on your life.'

'O dear no! I am afraid I am not so prudent as you pay me the compliment of supposing me to be, Mr. Sampson. I merely inquired for a friend. But you know what friends are in such matters. Nothing may ever come of it. I have the greatest reluctance to trouble men of business with inquiries for friends, knowing the probabilities to be a thousand to one that the friends will never follow them up. People are so fickle, so selfish, so inconsiderate. Don't

entender, exigiendo de cada cual que se acercara a él por el camino que le tenía preparado, y no por otro.

Observé que pedía a mi amigo que lo presentara al señor Sampson, y así lo hizo mi amigo. El señor Slinkton se alegraba mucho de conocerme. No demasiado; sin forzar la nota sobre el particular, se alegraba de manera perfectamente educada y sin segunda intención.

—Creí que se conocían ustedes—observó nuestro anfitrión.

—No—dijo el señor Slinkton—. En efecto, visité la oficina del señor Sampson con la recomendación de usted, pero, en verdad, no me pareció correcto molestar al propio señor Sampson a propósito de un asunto que entra en la rutina cotidiana de un empleado.

Dije que hubiera sido un placer para mí atenderle en cuanto pudiera, puesto que lo presentaba nuestro común amigo.

—Estoy convencido—dijo—, y se lo agradezco. Quizá en otro momento sea menos comedido. Pero sólo si me lleva a usted un verdadero negocio, pues conozco lo valioso que es el tiempo en los negocios, señor Sampson, y sé que andan por el mundo muchísimas personas impertinentes.

Agradecí su consideración con una leve inclinación de cabeza.

—Pensaba usted contratar una póliza de vida—le dije.

—¡No, por Dios! Siento decirle que no soy tan prudente como usted me hace el favor de creer, señor Sampson. Me limité a hacer la gestión en nombre de un amigo. Pero ya sabe usted cómo son los amigos en asuntos de esta clase. No saldrá nada de ello, probablemente. Soy totalmente opuesto a importunar a hombres de negocios con preguntas en nombre de los amigos, sabiendo que las probabilidades de que los amigos no proseguirán el asunto son de mil contra uno. La gente es tan voluble, tan egoísta, tan poco considerada...

you, in your business, find them so every day, Mr. Sampson?'

I was going to give a qualified answer; but he turned his smooth, white parting on me with its 'Straight up here, if you please!' and I answered 'Yes.'

'I hear, Mr. Sampson,' he resumed presently, for our friend had a new cook, and dinner was not so punctual as usual, 'that your profession has recently suffered a great loss.'

'In money?' said I.

He laughed at my ready association of loss with money, and replied, 'No, in talent and vigour.'

Not at once following out his allusion, I considered for a moment.

'*Has* it sustained a loss of that kind?' said I. 'I was not aware of it.'

'Understand me, Mr. Sampson. I don't imagine that you have retired. It is not so bad as that. But. Mr. Meltham——'

'O, to be sure!' said I. 'Yes' Mr. Meltham, the young actuary of the 'Inestimable'.'

'Just so,' he returned in a consoling way.

'He is a great loss. He was at once the most profound, the most original, and the most energetic man I have ever known connected with Life Assurance.'

I spoke strongly; for I had a high esteem and admiration for Meltham; and my gentleman had indefinitely conveyed to me some suspicion that he wanted to sneer at him. He recalled me to my guard by presenting that trim pathway up his head, with its infernal 'Not on the grass, if you please—the gravel.'

'You knew him, Mr. Slinkton.'

'Only by reputation. To have known him as an acquain-

¿No lo comprueba usted así todos los días en su trabajo, señor Sampson?

Me disponía a dar una respuesta circunstanciada, pero volvió hacia mí la bruñida y blanca raya con su 'Por aquí; todo derecho, por favor', y contesté: 'Sí.'

—He oído decir, señor Sampson—continuó al poco, pues nuestro amigo tenía cocinero nuevo, y la comida no era tan puntual como de costumbre—, que la profesión de usted ha sufrido recientemente una gran pérdida.

—¿De dinero?—manifesté.

Se rió ante mi pronta asociación de pérdida con dinero, y repuso:

—No, en talento y energía.

Como no aprehendiera al pronto su alusión, reflexioné por unos instantes.

—¿Es que ha sufrido una pérdida de ese tipo?—dije—. No estoy al tanto de ello.

—Entiéndame, señor Sampson. No es que yo piense que se ha jubilado usted. A esos extremos no llega la cosa. Pero el señor Meltham...

—¡Ah, es cierto! ¡Sí! El señor Meltham, el joven actuario de la 'Inestimable'.

—Precisamente—repuso con reconfortante acento consolador.

—Es una gran pérdida. Era, a la vez, el hombre más profundo, más original y enérgico que he conocido en los seguros de vida.

Me expresé con calor, pues sentía yo alta estima y admiración por Meltham; y mi hombre me había hecho vagamente concebir la sospecha de que quería mofarse de él. Volvió a ponerme en guardia al presentarme aquel esmerado camino en lo alto de la cabeza, con su infernal 'Por la hierba, no, por favor..., por el sendero'.

—¿Lo conoce usted, señor Slinkton?

—Sólo de oídas. El haberlo tratado, como un conocido,

tance, or as a friend, is an honour I should have sought if he had remained in society, though I might never have had the good fortune to attain it, being a man of far inferior mark. He was scarcely above thirty, I suppose?'

'About thirty.'

'Ah!' he sighed in his former consoling way. 'What creatures we are! To break up, Mr. Sampson, and become incapable of business at that time of life!—Any reason assigned for the melancholy fact?'

('Humph!' thought I, as I looked at him. 'But I WON'T go up the track, and I WILL go on the grass.')

'What reason have you heard assigned, Mr. Slinkton?' I asked, point-blank.

'Most likely a false one. You know what Rumour is, Mr. Sampson. I never repeat what I hear; it is the only way of paring the nails and shaving the head of Rumour. But when *you* ask me what reason I have heard assigned for Mr. Meltham's passing away from among men, it is another thing. I am not gratifying idle gossip then. I was told, Mr. Sampson, that Mr. Meltham had relinquished all his avocations and all his prospects, because he was, in fact, broken-hearted. A disappointed attachment I heard, —though it hardly seems probable, in the case of a man so distinguished and so attractive.'

'Attractions and distinctions are no armour against death,' said I.

'O, she died? Pray pardon me. I did not hear that. That, indeed, makes it very, very sad. Poor Mr. Meltham! She died? Ah, dear me! Lamentable, lamentable!'

I still thought his pity was not quite genuine, and I still suspected an unaccountable sneer under all this, until

o como amigo, es un honor al que habría aspirado si él hubiera permanecido en sociedad, aunque tal vez no hubiese tenido la suerte de conseguirlo, siendo hombre de categoría muy inferior. Tengo entendido que apenas había pasado de los treinta.

—Unos treinta años.

—¡Ah!—suspiró con el acento consolador de antes—. ¡Qué poca cosa somos! ¡Quebrantársele la salud e incapacitarse para los negocios a esa edad! ¿Se conoce algún motivo para semejante hecho tan triste?

'¡Hum!—pensé, mirándolo—. Pero no quiero ir por el camino, quiero pisar la hierba.'

—¿A qué motivo ha oído usted que se atribuye, señor Slinkton?—pregunté a quemarropa.

—A uno que, probablemente, no es cierto. Ya sabe usted lo que es el rumor, señor Sampson. Yo nunca repito lo que oigo; es la única manera de cortar las uñas y rebanar la cabeza del rumor. Pero si usted me pregunta a qué motivo he oído decir que se atribuye el apartamiento de entre los hombres del señor Meltham, eso es otra cosa. En este caso no estoy fomentando necias habladurías. Me dicen, señor Sampson, que el señor Meltham renunció a todas sus actividades y a todas sus perspectivas porque, realmente, tenía el corazón partido. Un afecto contrariado, dicen, aunque es difícil admitirlo tratándose de hombre tan distinguido y tan atractivo.

—El atractivo y la distinción no acorazan contra la muerte—dije.

—¡Ah! ¿Murió ella? Perdóneme. Eso no lo sabía. Así, el caso es muy triste, desde luego. ¡Pobre señor Meltham! ¿De modo que ella murió? ¡Ah, Dios mío! ¡Lamentable, lamentable!

Me sostuvo en mi creencia de que su compasión no era genuina, y seguí sospechando que debajo de todo esto había

he said, as we were parted, like the other knots of talkers, by the announcement of dinner:

'Mr. Sampson, you are surprised to see me so moved on behalf of a man whom I have never known. I am not so disinterested as you may suppose. I have suffered, and recently too, from death myself. I have lost one of two charming nieces, who were my constant companions. She died young—barely three-and-twenty; and even her remaining sister is far from strong. The world is a grave!'

He said this with deep feeling, and I felt reproached for the coldness of my manner. Coldness and distrust had been engendered in me, I knew, by my bad experiences; they were not natural to me; and I often thought how much I had lost in life, losing trustfulness, and how little I had gained, gaining hard caution. This state of mind being habitual to me, I troubled myself more about this conversation than I might have troubled myself about a greater matter. I listened to his talk at dinner, and observed how readily other men responded to it, and with what a graceful instinct he adapted his subjects to the knowledge and habits of those he talked with. As, in talking with me, he had easily started the subject I might be supposed to understand best, and to be the most interested in, so, in talking with others, he guided himself by the same rule. The company was of a varied character; but he was not at fault, that I could discover, with any member of it. He knew just as much of each man's pursuit as made him agreeable to that man in reference to it, and just as little as made it natural in him to seek modestly for information when the theme was broached.

As he talked and talked—but really not too much, for

una imperceptible burla, hasta que al separarnos, como los otros grupos de conversadores, ante el anuncio de la comida, dijo:

—Señor Sampson, le sorprende a usted verme tan conmovido a causa de un hombre al que no conozco. No soy tan desinteresado como puede usted creer. Yo he sufrido, y también, recientemente, por una muerte. He perdido a una de mis dos encantadoras sobrinas, que eran mis constantes compañeras. Murió joven, apenas tenía veintitrés años; y en cuanto a su hermana, tampoco se encuentra muy fuerte. ¡El mundo es una tumba!

Dijo esto con profunda emoción, y yo me sentí censurado por mi fría actitud. Bien sabía que la frialdad y la desconfianza se han engendrado en mí a causa de tristes experiencias; no eran sentimientos connaturales en mí; y pensaba a menudo en lo mucho que había perdido en la vida, al perder la confianza, y en lo poco que había ganado, al hacerme tan receloso. Como este estado de ánimo me era habitual, me preocupé más a causa de esta conversación de lo que me habría preocupado por un asunto de mayor importancia. Escuché la charla de mi hombre durante la comida, y observé con qué diligencia respondían otros a ella, y con qué airoso instinto adaptaba los temas de charla a los conocimientos y costumbres de aquellos con quienes hablaba. De la misma forma que, al hablar conmigo, había abordado fácilmente el tema que, probablemente, yo podía comprender mejor, y por el que podía tener más interés, al hablar con otros se atenía a la misma norma. La reunión ofrecía variado carácter, pero, a lo que pude observar, él no se equivocó con ninguno de los presentes. Sabía lo suficiente de la ocupación de cada uno para hacérsele simpático en relación con la misma, y lo bastante poco como para que resultara natural que buscara modestamente información cuando se abordaba el tema.

Mientras hablaba y hablaba—aunque no demasiado, en

the rest of us seemed to force it upon him—I became quite angry with myself. I took his face to pieces in my mind, like a watch, and examined it in detail. I could not say much against any of his features separately; I could say even less against them when they were put together. 'Then is it not monstrous.' I asked myself, 'that because a man happens to part his hair straight up the middle of his head, I should permit myself to suspect, and even to detest him?»

(I may stop to remark that this was no proof of my sense. An observer of men who finds himself steadily repelled by some apparently trifling thing in a stranger is right to give it great weight. It may be the clue to the whole mystery. A hair or two will show where a lion is hidden. A very little key will open a very heavy door.)

I took my part in the conversation with him after a time, and we got on remarkably well. In the drawing-room I asked the host how long he had known Mr. Slinkton. He answered, not many months; he had met him at the house of a celebrated painter then present, who had known him well when he was travelling with his nieces in Italy for their health. His plans in life being broken by the death of one of them, he was reading with the intention of going back to college as a matter of form, taking his degree, and going into orders. I could not but argue with myself that here was the true explanation of his interest in poor Meltham, and that I had been almost brutal in my distrust on that simple head.

realidad, pues los demás parecíamos obligarle a ello—llegué a enfadarme conmigo mismo. Mentalmente dividí su rostro en piezas, como un reloj, y lo examiné con detenimiento. No podía decir gran cosa contra ninguna de sus facciones consideradas por separado; menos aún podía decir contra ellas considerándolas en conjunto. '¿No es, pues, monstruoso, me pregunté a mí mismo, que porque a un hombre se le ocurra dividirse el pelo exactamente en medio de la cabeza, haya yo de permitirme sospechar de él, e incluso aborrecerlo?

(He de hacer un alto para observar que esto no era prueba de mi sensatez. Un observador de hombres que se siente vigorosamente repelido por un detalle, al parecer sin importancia, en un extraño, tiene derecho a conceder al mismo gran importancia. Puede ser la clave para todo el misterio. Un par de pelos indicará dónde está escondido el león. Una llavecita abrirá una pesada puerta.)

Al cabo de un tiempo, tomé parte en la conversación con él, y nos desenvolvimos magníficamente. En el salón pregunté al anfitrión cuánto tiempo hacía que conocía al señor Slinkton. Me contestó que no muchos meses; se lo presentaron en casa de un célebre pintor a la sazón presente, que lo había tratado mucho cuando viajaba con sus sobrinas por Italia, a causa de la salud de las muchachas. Al malograrse sus planes en la vida, por la muerte de una de ellas, estaba estudiando con el propósito de volver a un colegio mayor, como puro trámite, para graduarse y tomar las órdenes. No pude por menos que decirme a mí mismo que allí estaba la auténtica explicación de su interés por el pobre Meltham, y que yo había sido casi brutal con aquella desconfianza, que no tenía más base que su cabeza.

III

On the very next day but one I was sitting behind my glass partition, as before, when he came into the outer office, as before. The moment I saw him again without hearing him, I hated him worse than ever.

It was only for a moment that I had this opportunity; for he waved his tight-fitting black glove the instant I looked at him, and came straight in.

'Mr. Sampson, good-day! I presume, you see, upon your kind permission to intrude upon you. I don't keep my word in being justified by business, for my business here—if I may no abuse the word—is of the slightest nature.'

I asked, was it anything I could assist him in?

'I thank you, no. I merely called to inquire outside whether my dilatory friend had been so false to himself as to be practical and sensible. But, of course, he has done nothing. I gave him your papers with my own hand, and he was hot upon the intention, but of course he has done nothing. Apart from the general human disinclination to do anything that ought to be done, I dare say there is a specialty about assuring one's life. You find it like will-making. People are so superstitious, and take it for granted they will die soon afterwards.'

'Up here, if you please; straight up here, Mr. Campson. Neither to the right nor to the left.' I almost fancied I could hear him breathe the words as he sat smiling at me, with that intolerable parting exactly opposite the bridge of my nose.

'There is such a feeling sometimes, no doubt,' I replied; 'but I don't think it obtains to any great extent.'

'Well,' said he, with a shrug and a smile, 'I wish some good angel would influence my friend in the right direction. I rashly promised his mother and sister in Norfolk to see

III

Dos días después estaba yo sentado detrás de mi mampara de cristal, como la vez anterior, cuando entró en la oficina, como la vez anterior. En el instante en que volví a verlo sin oírlo, lo aborrecí más que nunca.

Sólo tuve esta oportunidad por un instante, pues agitó la mano, ajustada en el guante negro, en el instante en que lo miré, y entró directamente en el despacho.

—¡Buenos días, señor Sampson! Como ve, abuso de su amable autorización para venir a molestarlo. No mantengo mi palabra de hacerlo con un motivo justificado, pues el negocio que me trae, si puedo abusar de la palabra, es de la más intrascendente índole.

Le pregunté si podía servirle en algo.

—No, muchas gracias. Solamente vine para preguntar ahí fuera si mi lento amigo ha sido tan desleal consigo mismo como para mostrarse práctico y prudente. Pero no ha hecho nada, desde luego. Personalmente le entregué sus papeles en mano y estaba lleno de propósitos; pero, naturalmente, no ha hecho nada. Aparte de la general tendencia humana a no hacer nada de lo que debe hacerse, yo diría que hay una especialidad en lo que se refiere a asegurarse la vida. Pasa lo que con el acto de testar. Las gentes son muy supersticiosas y dan por sentado que morirán poco después.

'Venga por aquí, haga el favor; todo derecho por aquí, señor Sampson. Ni a la derecha ni a la izquierda.' Casi imaginé que le oía musitar estas palabras al tiempo que me sonreía, con aquella intolerable partición exactamente en frente del puente de mi nariz.

—Existe esa impresión a veces, sin duda—repuse—; pero no creo que prevalezca en alto grado.

—Bien—dijo, encogiéndose de hombros y sonriendo—, quisiera que un ángel bueno llevara a mi amigo por el camino conveniente. Temerariamente prometí a su madre y a su

it done, and he promised them that he would do it. But I suppose he never will.'

He spoke for a minute or two on indifferent topics, and went away.

I had scarcely unlocked the drawers of my writing-table next morning, when he reappeared. I noticed that he came straight to the door in the glass partition, and did not pause a single moment outside.

'Can you spare me two minutes, my dear Mr. Sampson?'

'By all means.'

'Much obliged,' laying his hat and umbrella on the table; 'I came early, not to interrupt you. The fact is, I am taken by surprise in reference to this proposal my friend has made.'

'Has he made one?' said I.

'Ye-es,' he answered, deliberately looking at me; and then a bright idea seemed to strike him—'or he only tells me he has. Perhaps that may be a new way of evading the matter. By Jupiter, I never thought of that!'

Mr. Adams was opening the morning's letters in the outer office.

'What is the name, Mr. Slinkton?' I asked.

'Beckwith.'

I looked out at the door and requested Mr. Adams, if there were a proposal in that name, to bring it in. He had already laid it out of his hand on the counter. It was easily selected from the rest, and he gave it me. Alfred Beckwith. Proposal to effect a policy with us for two thousand pounds. Dated yesterday.

'From the Middle Temple, I see, Mr. Slinkton.'

'Yes. He lives on the same staircase with me; his door is opposite. I never thought he would make me his reference though.'

'It seems natural enough that he should.'

hermana, en Norfolk, que vería de que lo hiciera, y él les prometió que lo haría. Pero creo que no lo cumplirá nunca.

Habló durante un par de minutos sobre temas sin importancia, y se fue.

Apenas acababa de abrir los cajones de mi escritorio, a la mañana siguiente, cuando volvió a presentarse. Advertí que se dirigía directamente hacia la puerta de la mampara de cristal, sin detenerse un momento afuera.

—¿Puede concederme un par de minutos, querido señor Sampson?

—Desde luego.

—Muchas gracias—dejando el sombrero y el paraguas en la mesa—; he venido temprano con objeto de no interrumpirle a usted. La cuestión es que me he llevado una sorpresa en relación con esa solicitud que ha hecho mi amigo.

—¿La ha presentado?

—Sí...—repuso, mirándome fijamente; y luego pareció asaltarle una luminosa idea—; o tal vez no ha hecho más que decírmelo. Tal vez sea ésta una nueva forma de soslayar la cuestión. ¡Por Júpiter, no había pensado en eso!

El señor Adams abría el correo de la mañana en la oficina exterior.

—¿Qué nombre es, señor Slinkton?—pregunté.

—Beckwith.

Me acerqué a la puerta y encargué al señor Adams que si había una propuesta con ese nombre me la trajese. El ya lo había abierto y colocado sobre el mostrador. La encontró fácilmente entre las demás, y me la entregó. Alfred Beckwith. Propuesta para suscribir una póliza con nosotros por dos mil libras. La fecha, de ayer.

—De Middle Temple, por lo que veo, señor Slinkton.

—Sí; vive en el mismo piso que yo; su puerta está enfrente de la mía. Pero no creí que me citara a mí como referencia.

—Pues parece muy natural que lo haya hecho así.

'Quite so, Mr. Sampson; but I never thought of it. Let me see.' He took the printed paper from his pocket. 'How am I to answer all these questions?'

'According to the truth, of course,' said I.

'O, of course!' he answered, looking up from the paper with a smile; 'I meant they were so many. But you do right to be particular. It stands to reason that you must be particular. Will you allow me to use your pen and ink?'

'Certainly.'

'And your desk?'

'Certainly.'

He had been hovering about between his hat and his umbrella for a place to write on. He now sat down in my chair, at my blotting-paper and inkstand, with the long walk up his head in accurate perspective before me, as I stood with my back to the fire.

Before answering each question he ran over it aloud, and discussed it. How long had he known Mr. Alfred Beckwith? That he had to calculate by years upon his fingers. What were his habits? No difficulty about them; temperate in the last degree, and took a little too much exercise, if anything. All the answers were satisfactory. When he had written them all, he looked them over, and finally signed them in a very pretty hand. He supposed he had now done with the business. I told him he was not likely to be troubled any farther. Should he leave the papers there? If he pleased. Much obliged. Good-morning.

I had had one other visitor before him; not at the office, but at my own house. That visitor had come to my bedside when it was not yet daylight, and had been seen by no one else but by my faithful confidential servant.

A second reference paper (for we required always two) was sent down into Norfolk, and was duly received back

—Completamente, señor Sampson; pero nunca lo pensé. Permítame—sacó del bolsillo el impreso—: ¿Cómo tengo que contestar a todas estas preguntas?

—De acuerdo con la verdad, desde luego—manifesté.

—¡Oh, desde luego! —repuso, levantando la vista del papel y sonriendo—; quiero decir que hay tantas. Pero hacen ustedes bien en ser minuciosos. Está muy justificado que sean ustedes minuciosos. ¿Me permite que utilice su tinta y su pluma?

—Desde luego.

—¿Y su mesa?

—Desde luego.

Había estado revoloteando entre su sombrero y su paraguas en busca de un sitio donde ponerse a escribir. Por fin se sentó en mi silla, utilizando mi carpeta secante y mi tintero, con el largo camino que subía por su cabeza abriéndose en correcta perspectiva delante de mí, estando yo de pie dando la espalda a la chimenea.

Antes de contestar a cada pregunta, la leía en voz alta, y la razonaba. ¿Cuánto tiempo hacía que conocía a Alfred Beckwith? Lo tuvo que calcular, por años, con los dedos. ¿Cuáles eran sus costumbres? En esto no había dificultad alguna; sobrio en el más alto grado, y, si acaso, hacía un poco de exceso de ejercicio. Todas las respuestas eran satisfactorias. Una vez escritas, las repasó, y, por último, firmó con letra muy bonita. Suponía que con esto había concluido su intervención en el asunto. Le dije que no era probable que se le molestara más. ¿Dejaba allí los papeles? Si le parecía bien. Muchas gracias. Buenos días.

Yo había tenido otra' visita antes de la suya; no en la oficina, sino en mi casa. Este visitante llegó junto a mi cama cuando no era aún de día, sin ser visto por nadie que no fuera mi fiel y confidencial criado.

Un segundo impreso de referencia (pues siempre necesitábamos dos) fue enviado a Norfolk, siendo debidamente de-

by post. This, likewise was satisfactorily answered in every respect. Our forms were all complied with; we accepted the proposal, and the premium for one year was paid.

IV

For six or seven months I saw no more of Mr. Slinkton. He called once at my house, but I was not at home; and he once asked me to dine with him in the Temple, but I was engaged. His friend's assurance was effected in March. Late in September or early in October I was down at Scarborough for a breath of sea-air, where I met him on the beach. It was a hot evening; he came toward me with his hat in his hand; and there was the walk I had felt so strongly disinclined to take in perfect order again, exactly in front of the bridge of my nose.

He was not alone, but had a young lady on his arm.

She was dressed in mourning, and I looked at her with great interest. She had the apearance of being extremely delicate, and her face was remarkably pale and melancholy; but she was very pretty. He introduced her as his niece, Miss Niner.

'Are you strolling, Mr. Sampson? Is it possible you can be idle?'

It *was* possible, and I *was* strolling.

'Shall we stroll together?'

'With pleasure.'

The young lady walked between us, and we walked on the cool sea sand, in the direction of Filey.

'There have been wheels here,' said Mr. Slinkton. 'And now I look again, the wheels of a hand-carriage! Margaret, my love, your shadow without doubt!'

'Miss Niner's shadow?' I repeated, looking down at it on the sand.

vuelto por correo. Este era también contestado satisfactoriamente en todos los puntos. Toda la documentación quedó ultimada; aceptamos la propuesta, y fue pagada la prima de un año.

IV

Por espacio de seis o siete meses no volví a ver al señor Slinkton. Acudió una vez a mi domicilio, pero yo no estaba en casa; y una vez me invitó a comer con él en el Temple, pero yo tenía un compromiso. El seguro de su amigo fue suscrito en marzo. A últimos de septiembre o principios de octubre bajé a Scarborough, en busca de un soplo de aire marino, y allí me encontré con él en la playa. Era un atardecer caluroso; vino hacia mí con el sombrero en la mano; y allí estaba otra vez, perfectamente trazado, el sendero que tan poco propicio había estado yo a aceptar, exactamente en frente del puente de mi nariz.

No estaba solo, sino que llevaba del brazo a una joven. Ella vestía de luto, y la miré con gran interés. Denotaba, por su aspecto, encontrarse muy delicada, y su rostro estaba sorprendentemente pálido y melancólico; pero era muy bonita. Me la presentó como su sobrina, la señorita Niner.

—¿Está usted paseando, señor Sampson? ¿Es posible que pueda hallarse usted ocioso?

Era posible, y estaba paseando.

—¿Paseamos juntos?

—Encantado.

Con la joven entre los dos, anduvimos por la fresca arena de mar, en dirección de Filey.

—Por aquí han pasado unas ruedas—dijo el señor Slinkton—. ¡Y ahora que me fijo, las ruedas de un carricoche! ¡Margarita, cariño, tu sombra, sin duda!

—¿La sombra de la señorita Niner?—repetí, mirándola en la arena.

'Not that one,' Mr. Slinkton returned, laughing. 'Margaret, my dear, tell Mr. Sampson.'

'Indeed,' said the young lady, turning to me, 'there is nothing to tell—except that I constantly see the same invalid old gentleman at all times, wherever I go. I have mentioned it to my uncle, and he calls the gentleman my shadow.'

'Does he live in Scarborough?' I asked.

'He is staying here.'

'Do you live in Scarborough?'

'No, I am staying here. My uncle has placed me with a family here, for my health.'

'And your shadow?' said I, smiling.

'My shadow,' she answered, smiling too, 'is—like myself—not very robust, I fear; for I lose my shadow sometimes, as my shadow loses me at other times. We both seem liable to confinement to the house. I have not seen my shadow for days and days; but it does oddly happen, occasionally, that wherever I go, for many days together, this gentleman goes. We have come together in the most unfrequented nooks on this shore.'

'Is this he?' said I, pointing before us.

The wheels had swept down to the water's edge, and described a great loop on the sand in turning. Bringing the loop back towards us, and spinning it out as it came, was a hand-carriage, drawn by a man.

'Yes,' said Miss Niner, 'this really is my shadow, uncle.'

As the carriage approached us and we approached the carriage, I saw within it an old man, whose head was sunk on his breast, and who was enveloped in a variety of wrappers. He was drawn by a very quiet but very keen-looking man, with iron-gray hair, who was slightly lame. They had passed us, when the carriage stopped, and the

—No se trata de ésa—repuso, riendo, el señor Slinkton—. Margarita, querida, cuéntale al señor Sampson.

—Desde luego—dijo la señorita, volviéndose hacia mí—no hay nada que contar, salvo que continuamente veo al mismo anciano caballero inválido, a todas horas, donde quiera que voy. Se lo he indicado a mi tío, y él le llama mi sombra.

—¿Vive en Scarborough?—pregunté.

—Se aloja aquí.

—¿Vive usted en Scarborough?

—No, me alojo aquí. Mi tío me ha colocado con una familia de aquí, a causa de mi salud.

—¿Y su sombra?—dije, sonriendo.

—Mi sombra—repuso ella, sonriendo también—es, como yo, no muy fuerte, me temo; pues a veces pierdo a mi sombra, como mi sombra me pierde a mí en otras ocasiones. Tanto uno como otro parecemos inclinados a la reclusión en casa. Hace muchos días que no he visto a mi sombra; pero sucede a veces algo extraño, y es que, a donde quiera que voy para pasar unos cuantos días seguidos, va este caballero. Nos hemos encontrado en los rincones más poco frecuentados de esta costa.

—¿Es aquél?—dije, señalando hacia delante.

Los surcos de las ruedas se habían desviado hacia la orilla del agua, y al volver describían un gran lazo en la arena. Trayendo el lazo de regreso hacia nosotros y alargándolo mientras avanzaba, aparecía un coche de mano, tirado por un hombre.

—Sí—dijo la señorita Niner—, se trata realmente de mi sombra, tío.

Al acercarse el coche a nosotros y nosotros al coche, vi a un anciano que lo ocupaba, con la cabeza hundida en el pecho y envuelto en un montón de ropas. Tiraba del coche un hombre que demostraba sosiego y, a la vez, viveza; su cabello era de un gris metálico, y cojeaba ligeramente. Ya nos habíamos cruzado, cuando se detuvo el coche, y el caballero que

old gentleman within, putting out his arm, called to me by my name. I went back, and was absent from Mr. Slinkton and his niece for about five minutes.

When I rejoined them, Mr. Slinkton was the first to speak. Indeed, he said to me in a raised voice before I came up with him:

'It is well you have not been longer, or my niece might have died of curiosity to know who her shadow is, Mr. Sampson.'

'An old East India Director,' said I. 'An intimate friend of our friend's, at whose house I first had the pleasure of meeting you. A certain Major Banks. You have heard of him?'

'Never.'

'Very rich, Miss Niner; but very old, and very crippled. An amiable man, sensible—much interested in you. He has just been expatiating on the affection that he has observed to exist between you and your uncle.'

Mr. Slinkton was holding his hat again, and he passed his hand up the straight walk, as if he himself went up it serenely, after me.

'Mr. Sampson,' he said, tenderly pressing his niece's arm in his, 'our affection was always a strong one, for we have had but few near ties. We have still fewer now. We have associations to bring us together, that are not of this world, Margaret.'

'Dear uncle!' murmured the young lady, and turned her face aside to hide her tears.

'My niece and I have such remembrances and regrets in common, Mr. Sampson,' he feelingly pursued, 'that it would be strange indeed if the relations between us were cold or indifferent. If I remember a conversation we once had together, you will understand the reference I make. Cheer up, dear Margaret. Don't droop, don't droop. My Margaret! Y cannot bear to see you droop!'

lo ocupaba, sacando el brazo, me llamó por mi nombre. Retrocedí, y estuve separado del señor Slinkton y su sobrina unos cinco minutos.

Cuando me reuní con ellos, el señor Slinkton fue el primero que habló. En realidad, elevó la voz antes de que llegara junto a él, diciendo:

—Suerte que no haya tardado usted más, pues mi sobrina habría muerto de curiosidad por saber quién es su sombra, señor Sampson.

—Un antiguo director de la Compañía de las Indias Orientales—dije—. Un amigo íntimo de nuestro amigo, aquel en cuya casa tuve el placer de conocer a usted. Un tal comandante Banks. ¿Ha oído usted hablar de él?

—Nunca.

—Muy rico, señorita Niner; pero muy viejo y muy decrépito. Un hombre amable, sensato..., muy interesado por usted. Precisamente me ha estado hablando del cariño que ha observado que existe entre usted y su tío.

El señor Slinkton tenía otra vez el sombrero en una mano, y se pasó la otra por el recto sendero, como si él mismo lo siguiera sosegadamente detrás de mí.

—Señor Sampson—dijo, apretando tiernamente el brazo de su sobrina con el suyo—, nuestro afecto fue siempre intenso, pues sólo hemos tenido pocos parientes cercanos. Y ahora, aún tenemos menos. Tenemos recuerdos comunes que nos acercan y que no son de este mundo, Margarita.

—¡Querido tío!—murmuró la señorita, volviendo a un lado el rostro para ocultar las lágrimas.

—Mi sobrina y yo tenemos tales recuerdos y penas comunes, señor Sampson—prosiguió con sentimiento—, que sería en verdad raro que las relaciones que nos unen fueran frías o indiferentes. Si recuerda una conversación que tuvimos usted y yo en cierta ocasión, comprenderá a lo que me refiero. Anímate, querida Margarita. ¡No decaigas, no decaigas! ¡Margarita mía! ¡No puedo sufrir el verte decaída!

The poor young lady was very much affected, but controlled herself. His feelings too, were very acute. In a word, he found himself under such great need of a restorative, that he presently went away, to take a bath of sea-water, leaving the young lady and me sitting by a point of rock, and probably presuming that she would praise him with all her heart.

She did, poor thing! With all her confiding heart, she praised him to me, for his care of her dead sister, and for his untiring devotion in her last illness. The sister had wasted away very slowly, and wild and terrible fantasies had come over her toward the end, but he had never been impatient with her, or at a loss; had always been gentle, watchful, and self-possessed. The sister had known him, as she had known him, to be the best of men, the kindest of men, and yet a man of such admirable strength of character, as to be a very tower for the support of their weak natures while their poor lives endured.

'I shall leave him, Mr. Sampson, very soon,' said the young lady; 'I know my life is drawing to an end; and when I am gone, I hope he will marry and be happy. I am sure he has lived single so long, only for my sake, and for my poor, poor sister's.'

The little hand-carriage had made another great loop on the damp sand, and was coming back again, gradually spinning out a slim figure of eight, half a mile long.

'Young lady,' said I, looking around, laying my hand upon her arm, and speaking in a low voice, 'time presses. You hear the gentle murmur of that sea?'

She looked at me with the utmost wonder and alarm, saying:

'Yes!'

La pobre señorita estaba muy emocionada, pero se dominó. La emoción que él sentía era también muy intensa. En una palabra, sintióse tan precisado a un restaurativo, que a poco se marchó, para tomar un baño de mar, dejándonos a la señorita y a mí sentados en una roca, y presumiendo, probablemente, que ella lo elogiaría de todo corazón.

¡Ya lo creo que lo hizo, pobrecilla! Con todo su confiado corazón, lo elogió ante mí, por su dedicación a su hermana muerta y por la incansable devoción que le otorgó durante su última enfermedad. La hermana se consumió muy lentamente, siendo presa hacia el final de extrañas y terribles visiones, pero nunca se mostró impaciente ni se quedó sin saber qué hacer con ella; siempre estuvo amable, alerta y dueño de sí mismo. La hermana lo había tenido, igual que ella misma, como el mejor de los hombres, el más bondadoso de los hombres, y sin embargo, de carácter tan admirablemente enérgico que se erigió en auténtica fortaleza para sostener las débiles naturalezas de las muchachas mientras durasen sus pobres vidas.

—Voy a dejarle muy pronto, señor Sampson—dijo la joven—; sé que mi vida toca a su fin; y cuando haya desaparecido, confío en que se case y sea feliz. Estoy segura de que ha vivido durante tanto tiempo soltero sólo por mí y por mi pobre hermana.

El pequeño coche de mano había dibujado otro gran lazo en la húmeda arena, y volvía de nuevo, desarrollando gradualmente una sutil figura de ocho, de media milla de larga.

—Señorita—dije, en voz baja, mirando en torno y poniendo mi mano en su brazo—, el tiempo urge. ¿Oye usted el suave murmullo de ese mar?

Me miró profundamente extrañada y alarmada, y dijo:

—¡Sí!

'And you know what a voice is in it when the storm comes?'

'Yes!'

'You see how quiet and peaceful it lies before us, and you know what an awful sight of power without pity it might be, this very night!'

'Yes!'

'But if you had never heard or seen it, or heard of it in its cruelty, could you believe that it beats every inanimate thing in its way to pieces, without mercy, and destroys life without remorse?'

'You terrify me, sir, by these questions!'

'To save you, young lady, to save you! For God's sake, collect your strength and collect your firmness! If you were here alone, and hemmed in by the rising tide on the flow to fifty feet above your head, you could not be in greater danger than the danger you are now to be saved from.'

The figure on the sand was spun out, and straggled off into a crooked little jerk that ended at the cliff very near us.

'As I am, before Heaven and the Jugde of all mankind, your friend, and your dead sister's friend, I solemnly entreat you, Miss Niner, without one moment's loss of time, to come to this gentleman with me!'

If the little carriage had been less near to us, I doubt if I could have got her away; but it was so near that we were there before she had recovered the hurry of being urged from the rock. I did not remain there with her two minutes. Certainly within five, I had the inexpressible satisfaction of seeing her—from the point we had sat on, and to which I had returned—half supported and half carried up some rude steps notched in the cliff, by the figure

—¿Y conoce usted cuál es su voz cuando llega la tempestad?

—¡Sí!

—¿Ve usted cuán tranquilo y apacible se extiende delante de nosotros, y sabe usted qué terrible escena de despiadada potencia puede desplegar esta misma noche?

—¡Sí!

—Pero si nunca le hubieran hablado del mar ni lo hubiera visto, u oído hablar de su crueldad, ¿podría usted creer que reduce a pedazos, sin piedad, cuantas cosas inanimadas encuentra a su paso, y que destruye la vida sin remordimiento?

—¡Me aterra usted con esas preguntas, señor!

—¡Para salvarla, señorita, para salvarla! ¡Por el amor de Dios, haga acopio de sus energías y de su entereza! Si se encontrase usted aquí sola, sitiada por las crecientes olas de la marea, dispuesta a subir cincuenta pies por encima de su cabeza, no se hallaría usted en peligro mayor que aquel del que la van a salvar ahora.

La cifra en la arena se completaba, quedándose en un garabato, que terminaba en el cantil, muy cerca de nosotros.

—¡Siendo yo, ante el Cielo y ante el Juez de la humanidad, su amigo de usted y el de su querida hermana muerta, solemnemente la emplazo, señorita Niner, a que, sin perder un momento, me acompañe junto a ese caballero!

Si el cochecillo hubiese estado menos cerca de nosotros, dudo que me hubiera sido posible llevármela pero estaba tan próximo, que nos vimos a su lado antes de que la muchacha se recuperase de la precipitación con que fue apartada de las rocas. No llegué a permanecer allí con ella ni dos minutos. A decir verdad, antes de que transcurrieran cinco, tuve la indecible satisfacción de verla, desde el sitio donde habíamos estado, al que volví, medio sostenida, medio llevada en volandas, subiendo por unos toscos escalones entallados en el cantil, por la figura de un hombre enérgico. Con aquella figura

of an active man. With that figure beside her, I knew she was safe anywhere.

I sat alone on the rock, awaiting Mr. Slinkton's return. The twilight was deepening and the shadows were heavy, when he came round the point, with his hat hanging at his button-hole, smoothing his wet hair with one of his hands, and picking out the old path with the other and a pocket-comb.

'My niece not here, Mr. Sampson?' he said, looking about.

'Miss Nina seemed to feel a chill in the air after the sun was down, and has gone home.'

He looked surprised, as though she were not accustomed to do anything without him; even to originate so slight a proceeding.

'I persuaded Miss Niner,' I explained.

'Ah!' said he. 'She is easily persuaded—for her good. Thank you, Mr. Sampson; she is better within doors. The bathing-place was farther than I thought, to say the truth.'

'Miss Niner is very delicate,' I observed.

'Very, very, very. You may recollect my saying so. The time that has since intervened has not strengthened her. The gloomy shadow that fell upon her sister so early in life seems, in my anxious eyes, to gather over her, ever darker, ever darker. Dear Margaret, dear Margaret! But we must hope.'

The hand-carriage was spinning away before us at a most indecorous pace for an invalid vehicle, and was making most irregular curves upon the sand. Mr. Slinkton, noticing it after he had put his handkerchief to his eyes, said:

'If I may judge from appearances, your friend will be upset, Mr. Sampson.'

'It looks probable, certainly,' said I.

'The servant must be drunk.'

a su lado, sabía yo que estaba a salvo dondequiera se encontrara.

Permanecí sentado, solo, en la roca, en espera del regreso del señor Slinkton. El crepúsculo avanzaba y las sombras se espesaban cuando apareció por el cabo con el sombrero colgado del ojal, alisándose el mojado cabello con una mano y abriendo el viejo sendero con la otra y un peine de bolsillo.

—¿No está aquí mi sobrina, señor Sampson?—dijo, mirando en torno.

—Parece que la señorita Niner sintió el aire frío, al ponerse el sol, y se ha ido a casa.

Pareció sorprendido, como si ella no estuviese habituada a hacer nada sin él, ni siquiera a tomar una determinación tan sencilla.

—Yo convencí a la señorita Niner—expliqué.

—¡Ah! Se la convence con facilidad... por su propio bien. Gracias, señor Sampson; está mejor en casa. A decir verdad, el sitio adecuado para bañarse estaba más lejos de lo que yo creía.

—La señorita Niner se encuentra muy delicada—observé.

—Mucho, mucho. Ya recordará usted que se lo dije. El tiempo transcurrido desde entonces no la ha fortalecido. Ante mis ojos llenos de ansiedad, la lúgubre sombra que a tan temprana edad cayó sobre su hermana, parece cernirse sobre ella, más tétrica cada vez. ¡Querida Margarita! Pero debemos tener esperanza.

El coche de mano se alejaba de nosotros con paso muy poco adecuado para un vehículo de inválido, trazando curvas muy irregulares en la arena. Al observarlo, después de haberse llevado el pañuelo a los ojos, el señor Slinkton dijo:

—A juzgar por las apariencias, su amigo va a pasar un mal rato, señor Sampson.

—Parece probable, desde luego.

—El criado debe de estar bebido.

'The servants of old gentlemen will get drunk sometimes,' said I.

'The major draws very light, Mr. Sampson.'

'The major does draw light,' said I.

By this time the carriage, much to my relief, was lost in the darkness. We walked on for a little, side by side over the sand, in silence. After a short while he said, in a voice still affected by the emotion that his niece's state of health had awakened in him.

'Do you stay here long, Mr. Sampson?'

'Why, no. I am going away to-night.'

'So soon? But business always holds you in request. Men like Mr. Sampson are too important to others, to be spared to their own need of relaxation and enjoyment.'

'I don't know about that,' said I. 'However, I am going back.'

'To London?'

'To London.'

'I shall be there too, soon after you.'

I knew that as well as he did. But I did not tell him so. Any more than I told him what defensive weapon my right hand rested on in my pocket, as I walked by his side. Any more than I told him why I did not walk on the sea side of him with the night closing in.

We left the beach, and our ways diverged. We exchanged goodnight, and had parted indeed, when he said, returning.

'Mr. Sampson, *may* I ask? Poor Meltham, whom we spoke of,—dead yet?'

'Not when I last heard of him; but too broken a man to live long, and hopelessly lost to his old calling.'

'Dear, dear, dear!' said he, with great feeling. 'Sad, sad, sad! The world is a grave!' And so went his way.

It was not his fault if the world were not a grave;

—Los criados de ancianos caballeros se emborrachan a veces—dije.

—El comandante va muy ligero, señor Sampson.

—El comandante va, en efecto, muy ligero.

Por entonces, el coche, para alivio mío, se había perdido en la oscuridad. Anduvimos durante un rato por la arena, hombro con hombro, en silencio. Al cabo de unos momentos dijo, con voz aún afectada por la emoción que le había producido el estado de salud de su sobrina:

—¿Estará usted aquí mucho tiempo, señor Sampson?

—Ah, no. Me voy esta noche.

—¿Tan pronto? Pero siempre están exigiendo su presencia los negocios. Los hombres como el señor Sampson son demasiado importantes para los demás, para dejarles a sus necesidades de descanso y recreo.

—No sé nada de eso—manifesté—. Sin embargo, regreso.

—¿A Londres?

—A Londres.

—También estaré yo allí, poco después que usted.

Yo lo sabía tan bien como él. Pero no se lo dije. Como tampoco le hablé del arma defensiva que mi mano derecha sujetaba dentro del bolsillo, mientras andaba a su lado. Como tampoco le dije por qué no iba yo a su lado por la parte del mar, con la noche cerrándose.

Dejamos la playa y nuestros caminos se separaron. Nos deseamos buenas noches, y ya nos habíamos separado cuando dijo, volviendo:

—¿Me permite una pregunta, señor Sampson? El pobre Meltham, de quien hablamos..., ¿ha muerto?

—Según las últimas noticias que de él tengo, no; pero se halla demasiado abatido para que pueda vivir mucho, y está irremediablemente perdido para su antigua vocación.

—¡Pobre, pobre!—dijo, muy sentido—. ¡Es triste, es triste! ¡El mundo es una tumba!—y siguió su camino.

No era por su culpa si el mundo no era una tumba; pero

but I did not call that observation after him, any more than I had mentioned those other things just now enumerated. He went his way, and I went mine with all expedition. This happened, as I have said, either at the end of September or beginning of October. The next time I saw him, and the last time, was late in November.

V

I had a very particular engagement to breakfast in the Temple. It was a bitter north-easterly morning, and the sleet and slush lay inches deep in the streets. I could get no conveyance, and was soon wet to the knees; but I should have been true to that appointment, though I had to wade to it up to my neck in the same impediments.

The appointment took me to some chambers in the Temple. They were at the top of a lonely corner house overlooking the river. The name, MR. ALFRED BECKWITH, was painted on the outer door. On the door opposite, on the same landing, the name MR. JULIUS SLINKTON. The doors of both sets of chambers stood open, so that anything said aloud in one set could be heard in the other.

I had never been in those chambers before. They were dismal, close, unwholesome, and oppressive; the furniture, originally good, and not yet old, was faded and dirty,—the rooms were in great disorder; there was a strong prevailing smell of opium, brandy, and tobacco; the grate and fire-irons were splashed all over with unsightly blotches of rust; and on a sofa by the fire, in the room where breakfast had been prepared, lay the host, Mr. Beckwith, a man with all the appearances of the worst kind of drunkard, very far advanced upon his shameful way to death.

'Slinkton is not come yet,' said this creature, staggering

no le hice esta observación, como tampoco había mencionado las otras cosas que acabo de enumerar. Siguió su camino, y yo seguí el mío con toda diligencia. Esto sucedió, como he dicho, hacia fines de septiembre o principios de octubre. La próxima vez que lo vi, y la última, fue a finales de noviembre.

V

Tenía un compromiso muy especial para desayunar en el Temple. Era una mañana en que soplaba un viento glacial del nordeste y las calles aparecían cubiertas por una capa de varias pulgadas de cellisca y aguanieve. No pude encontrar vehículo, y pronto me vi mojado hasta las rodillas; pero habría asistido a aquella cita aunque para ello hubiera tenido que ir metido hasta el cuello en semejantes obstáculos.

La cita me llevó a ciertas habitaciones del Temple. Estaban en el último piso de una solitaria casa que hacía esquina, dando cara al río. El nombre, Alfred Beckwith, aparecía pintado en la puerta. En la opuesta, en el mismo rellano, el nombre era Julio Slinkton. Las puertas de ambos pisos estaban abiertas, de manera que lo que se dijera en voz alta en uno podía oírse en el otro.

Nunca había estado yo en aquellas habitaciones. Eran lúgubres, angostas, insalubres y deprimentes; los muebles, originalmente buenos y no viejos todavía, estaban descoloridos y sucios; en las estancias reinaba el mayor desorden, con un fuerte olor en el ambiente a opio, brandy y tabaco; la reja y los hierros de la chimenea aparecían llenos de feas ronchas de humedad; y en un sofá cerca del fuego, en la habitación donde estaba preparado el desayuno, yacía el anfitrión, el señor Beckwith, hombre con toda la apariencia del peor tipo de borracho, muy adelantado en su vergonzoso camino hacia la muerte.

—Slinkton no ha venido todavía—dijo este ente, ponién-

up when I went in; 'I'll call him.—Halloa! Julius Cæsar! Come and drink!' As he hoarsely roared this out, he beat the poker and tongs together in a mad way, as if that were his usual manner of summoning his associate.

The voice of Mr. Slinkton was heard through the clatter from the opposite side of the staircase, and he came in. He had not expected the pleasure of meeting me. I have seen several artful men brought to a stand, but I never saw a man so aghast as he was when his eyes rested on mine.

'Julius Cæsar,' cried Beckwith, staggering between us, 'Mist' Sampson! Mist' Sampson, Julius Cæsar! Julius, Mist' Sampson, is the friend of my soul. Julius keeps me plied with liquor, morning, noon, and night. Julius is a real benefactor. Julius threw the tea and coffee out of the window when I used to have any. Julius empties all the water-jugs of their contents, and fills 'em with spirits. Julius winds me up and keeps me going.—Boil the brandy, Julius!'

There was a rusty and furred saucepan in the ashes,—the ashes looked like the accumulation of weeks,—and Beckwith, rolling and staggering between us as if he were going to plunge headlong into the fire, got the saucepan out, and tried to force it into Slinkton's hand.

'Boil the brandy, Julius Cæsar! Come! Do your usual office. Boil the brandy!'

He became so fierce in his gesticulations with the saucepan, that I expected to see him lay open Slinkton's head with it. I therefore put out my hand to cheek him. He reeled back to the sofa, and sat there panting, shaking, and red-eyed, in his rags of dressing-gown, looking at us both. I noticed then that there was nothing to drink on the

dose trabajosamente en pie al entrar yo—; lo llamaré. ¡Eh, Julio César! ¡Ven a beber!

Y al tiempo que gritaba roncamente, batía como loco las tenazas contra el hurgón, como si éste fuera su habitual sistema de llamar a su compañero.

Desde el lado opuesto del rellano llegó, a través del estruendo, la voz del señor Slinkton, el cual entró en la estancia. No esperaba tener el placer de verme allí. He visto a varios hombres taimados quedarse de una pieza, pero jamás vi hombre tan despavorido como cuando puso en mí su mirada.

—Julio César—exclamó Beckwith, tambaleándose entre nosotros—, ¡el señor Sampson! ¡Señor Sampson, Julio César! Julio, míster Sampson, es mi amigo del alma. Julio me tiene colmado de licor mañana, tarde y noche. Julio es un auténtico benefactor. Julio arrojaba el té y el café por la ventana cuando yo solía tomar un poco. Julio vacía todas las jarras de agua y las llena de bebidas alcohólicas. Julio me da cuerda y me mantiene en movimiento. ¡Hierve el brandy, Julio!

Había una mohosa y mugrienta cacerola en las cenizas —estas cenizas parecían haberse ido acumulando por espacio de semanas—, y Beckwith, tambaleándose y trastabillando entre nosotros como si fuera a meterse de cabeza en el fuego, sacó la cacerola y forcejeó para ponérsela en la mano a Slinkton.

—¡Calienta el brandy, Julio César! ¡Vamos! ¡Haz tu trabajo habitual! ¡Calienta el brandy!

Sus gesticulaciones con la cacerola llegaron a tal punto de vehemencia, que pensé que iba a abrirle la cabeza a Slinkton con ella. Así que levanté la mano para contenerlo. Se tambaleó hacia atrás hasta el sofá, donde quedó sentado, jadeando, tembloroso, con los ojos inyectados en sangre, con aquella bata que llevaba hecha jirones, mirándonos a uno y a otro. Observé entonces que en la mesa no había otra cosa para beber que brandy, y para comer, nada más que aren-

table but brandy, and nothing to eat but salted herrings, and a hot, sickly, highly-peppered stew.

'At all events, Mr. Sampson,' said Slinkton, offering me the smooth gravel path for the last time, 'I thank you for interfering between me and this unfortunate man's violence. However you came here, Mr. Sampson, or with whatever motive you came here, at least I thank you for that.'

'Boil the brandy,' muttered Beckwith.

Without gratifying his desire to know how I came there, I said, quietly, 'How is your niece, Mr. Slinkton?'

He looked hard at me, and I looked hard at him.

'I am sorry to say, Mr. Sampson, that my niece has proved treacherous and ungrateful to her best friend. She left me without a word of notice or explanation. She was misled, no doubt, by some designing rascal. Perhaps you may have heard of it?'

'I did hear that she was misled by a designing rascal. In fact, I have proof of it.'

'Are you sure of that?' said he.

'Quite.'

'Boil the brandy,' muttered Beckwith. 'Company to breakfast, Julius Cæsar. Do your usual office,—provide the usual breakfast, dinner, tea, and supper. Boil the brandy!'

The eyes of Slinkton looked from him to me, and he said, after a moment's consideration:

'Mr. Sampson, you are a man of the world, and so am I. I will be plain with you.'

'O no, you won't,' said I, shaking my head.

'I tell you, sir, I will be plain with you.'

'And I tell you you will not,' said I. 'I know all about you. *You* plain with any one? Nonsense, nonsense!'

'I plainly tell you, Mr. Sampson,' he went on, with a

ques salados y un estofado caliente, nauseabundo, sazonado de pimienta.

—En todo caso, señor Sampson—dijo Slinkton, presentándome por última vez el recto camino enarenado—, le doy gracias por interponerse entre la violencia de este desgraciado y yo. Como quiera que haya venido usted aquí, señor Sampson, cualquiera que sea el motivo que le ha traído, al menos le agradezco esto.

—Calienta el brandy—murmuró Beckwith.

Sin satisfacer su deseo de saber por qué estaba yo allí, manifesté con sosiego:

—¿Cómo está su sobrina, señor Slinkton?

Me miró con dureza, y yo le miré con dureza a él.

—Lamento decir, señor Sampson, que mi sobrina ha pagado con la traición y la ingratitud a su mejor amigo. Me abandonó sin una palabra de advertencia o explicación. No hay duda de que la engatusó algún bribón que tenía sus motivos. Tal vez sepa usted algo de esto.

—Sé, en efecto, que estuvo engañada por un bribón que tenía sus motivos. En realidad, tengo pruebas de ello.

—¿Está usted seguro?

—Completamente.

—Calienta el brandy—murmuró Beckwith—. Hay invitados a desayunar, Julio César. Haz tu habitual trabajo, prepara el habitual desayuno, la comida, el té y la cena. ¡Calienta el brandy!

Los ojos de Slinkton iban de él a mí, y tras unos instantes de reflexión, dijo:

—Señor Sampson, usted es hombre de mundo, al igual que yo. Seré sincero con usted.

—¡Oh, no, no lo será!—dije, moviendo la cabeza.

—Le digo, señor, que seré sincero con usted.

—Y yo le digo a usted que no—repuse—. Sé cuanto le concierne. ¿Sincero usted con alguien? ¡Tonterías!

—Le digo sinceramente—prosiguió, en actitud casi sose-

manner almost composed, 'that I understand your object. You want to save your funds, and escape from your liabilities; these are old tricks of trade with you Office-gentlemen. But you will not do it, sir; you will not succeed. You have not an easy adversary to play against, when you play against me. We shall have to inquire, in due time, when and how Mr. Beckwith fell into his present habits. With that remark, sir, I put this poor creature, and his incoherent wanderings of speech, aside, and wish you a good morning and a better case next time.'

While he was saying this, Beckwith had filled a half-pint glass with brandy. At this moment, he threw the brandy at his face, and threw the glass after it. Slinkton put his hands up, half blinded with the spirit, and cut with the glass across the forehead. At the sound of the breakage, a fourth person came into the room, closed the door, and stood at it; he was a very quiet but very keen-looking man, with iron-gray hair, and slightly lame.

Slinkton pulled out his handkerchief, assuaged the pain in his smarting eyes, and dabbled the blood on his forehead. He was a long time about it, and I saw that in the doing of it, a tremendous change came over him, occasioned by the change in Beckwith,—who ceased to pant and tremble, sat upright, and never took his eyes off him. I never in my life saw a face in which abhorrence and determination were so forcibly painted as in Beckwith's then.

'Look at me, you villain,' said Beckwith, 'and see me as I really am. I took these rooms, to make them a trap for you. I came into them as a drunkard, to bait the trap for you. You fell into the trap, and you will never leave it alive. On the morning when you last went to Mr. Sampson's office, I had seen him first. Your plot has been known to both of us, all along, and you have been counterplotted all along. What? Having been cajoled into putting that prize

gada—que comprendo sus motivos. Quiere usted salvar su dinero y zafarse de sus compromisos; son viejos trucos de ustedes, los caballeros burócratas. Pero no lo conseguirá, señor, no se saldrá con la suya. Cuando juega conmigo, no está jugando con un adversario fácil. Tendremos que investigar, a su debido tiempo, cuándo y cómo cayó en sus hábitos actuales el señor Beckwith. Con esta observación, señor, dejo a un lado a este pobre ser, y sus incoherentes delirios de lenguaje, y le deseo buenos días y un asunto más favorable para la próxima vez.

Mientras esto decía, Beckwith había llenado de brandy un vaso de un cuartillo. En este instante le arrojó el licor a la cara, y detrás, el vaso. Slinkton se llevó las manos al rostro, medio cegado por el alcohol y herido en la frente por los cristales. Al oír el ruido del vidrio roto, una cuarta persona entró en la habitación, cerró la puerta y se apoyó en ella; era un hombre muy calmoso, pero de aspecto agudo, cabellos de un gris metálico y ligeramente cojo.

Sacando su pañuelo, Slinkton trató de calmar el dolor de los ojos escocidos y enjugó la sangre de la frente. Esto le llevó mucho tiempo, y observé que mientras lo hacía, se realizaba en él un cambio tremendo, originado por el cambio producido en Beckwith, el cual había dejado de jadear y temblar; permanecía erguido en su asiento y no apartaba los ojos de él. Jamás en mi vida vi un rostro en el que el aborrecimiento y la decisión se reflejaran tan acusadamente como entonces en el de Beckwith.

—Mírame, granuja—dijo—, para que me veas como soy en realidad. Alquilé este piso para tenderte una trampa. Me instalé aquí como un borracho, a fin de disponer la trampa para ti. Caíste en la trampa, y no saldrás de ella vivo. La mañana en que fuiste por última vez a la oficina del señor Sampson, yo lo había visto antes. Tu trama era conocida por ambos, del principio al final, y desde el principio al final has sido víctima de otra trampa. ¡Qué! ¿Habiendo sido engatusa-

of two thousand pounds in your power, I was to be done to death with brandy, and, brandy not proving quick enough, with something quicker? Have I never seen you, when you thought my senses gone, pouring from your little bottle into my glass? Why, you Murderer and Forger, alone here with you in the dead of night, as I have so often been, I have had my hand upon the trigger of a pistol, twenty times, to blow your brains out!'

This sudden starting up of the thing that he had supposed to be his imbecile victim into a determined man, with a settled resolution to hunt him down and be the death of him, mercilessly expressed from head to foot, was, in the first shock, too much for him. Without any figure of speech, he staggered under it. But there is no greater mistake than to suppose that a man who is a calculating criminal, is, in any phase of his guilt, otherwise than true to himself, and perfectly consistent with his whole character. Such a man commits murder, and murder is the natural culmination of his course; such a man has to outface murder, and will do it with hardihood and effrontery. It is a sort of fashion to express surprise that any notorious criminal, having such crime upon his conscience, can so brave it out. Do you think that if he had it on his conscience at all, or had a conscience to have it upon, he would ever have committed the crime?

Perfectly consistent with himself, as I believe all such monsters to be, this Slinkton recovered himself, and showed a defiance that was sufficiently cold and quiet. He was white, he was haggard, he was changed; but only as a sharper who had played for a great stake and had been outwitted and had lost the game.

'Listen to me, you villain,' said Beckwith, 'and let every word you hear me say be a stab in your wicked heart. When I took these rooms, to throw myself in your way and lead you on to the scheme that I knew my

do para que pusiera en tus manos esa prima de dos mil libras, iba yo a ser empujado a la muerte con brandy, y al no revelarse como suficientemente rápido el brandy, con algo más expeditivo? ¿Es que no te he visto, cuando me creías inconsciente, verter el contenido de tu botellita en mi vaso? ¡Asesino y estafador, solo aquí contigo, en el silencio de la noche, como tantas veces hemos estado, he tenido veinte veces la mano en el gatillo de una pistola para saltarte los sesos!

Esta súbita mutación del ser al que había considerado como su víctima imbécil en un hombre decidido, con la firme resolución de cazarlo y causar su muerte, despiadadamente pintada en todo su aspecto, fue, en la primera impresión, demasiado para él. Sin figura de lenguaje, se tambaleó al recibirla. Pero ningún error mayor que suponer que un delincuente premeditado se muestre, en cualquier fase de su delito, de otra manera que fiel a sí mismo, y plenamente acorde con el conjunto de su carácter. Semejante hombre llega al asesinato, y el asesinato es la culminación natural de su carrera; semejante hombre se enfrenta con el crimen, y lo hará con sangre fría y desvergüenza. Es como una moda sorprenderse de que un destacado delincuente con semejante delito sobre su conciencia, pueda defenderse así sin declararse culpable. ¿Creen ustedes que si efectivamente lo tuviera sobre su conciencia, o tuviera conciencia sobre la que tenerlo, habría cometido siquiera el crimen?

Rotundamente fiel a sí mismo, como a mi entender lo son todos estos monstruos, el tal Slinkton se repuso, y se mostró desafiante, con la suficiente frialdad y sosiego. Estaba blanco, estaba macilento, estaba alterado; pero sólo como el tramposo que jugaba por un premio elevado y le han engañado, perdiendo la partida.

—Escúchame, granuja—dijo Beckwith—, y que cada una de las palabras que oigas de mis labios sea una puñalada en tu desalmado corazón. Cuando alquilé estas habitaciones para ponerme en tu camino y provocarte a forjar el plan que me

appearance and supposed character and habits would suggest to such a devil, how did I know that? Because you were no stranger to me. I knew you well. And I knew you to be the cruel wretch who, for so much money, had killed one innocent girl while she trusted him implicitly, and who was by inches killing another.'

Slinkton took out a snuff-box, took a pinch of snuff, and laughed.

'But see here,' said Beckwith, never looking away, never raising his voice, never relaxing his face, never unclenching his hand. 'See what a dull wolf you have been, after all! The infatuated drunkard who never drank a fiftieth part of the liquor you plied him with, but poured it away, here, there, everywhere—almost before your eyes; who bought over the fellow you set to watch him and to ply him, by outbidding you in his bribe, before he had been at his work three days—with whom you have observed no caution, yet who was so bent on ridding the earth of you as a wild beast, that he would have defeated you if you had been ever so prudent—that drunkard whom you have, many a time, left on the floor of this room, and who has even let you go out of it, alive and undeceived, when you have turned him over with your foot—has, almost as often, on the same right, within an hour, within a few minutes, watched you awake, had his hand at your pillow when you were asleep, turned over your papers, taken samples from your bottles and packets of powder, changed their contents, rifled every secret of your life!'

He had had another pinch of snuff in his hand but had gradually let it drop from between his fingers to the floor; where he now smoothed it out with his foot, looking down at it the while.

'That drunkard,' said Beckwith, 'who had free access to your rooms at all times, that he might drink the strong

constaba que mi aspecto y aparente carácter y costumbres sugerirían a semejante demonio, ¿cómo lo sabía yo? Porque no eras un extraño para mí. Te conocía bien. Y te conocía como el desalmado sin piedad que, por cierto dinero, había matado a una muchacha inocente, cuando confiaba en él plenamente, y que estaba, poco a poco, matando a otra.

Slinkton sacó una tabaquera, tomó un polvo de rapé y se echó a reír.

—Pero mira—dijo Beckwith, sin apartar de él la mirada, sin levantar la voz, sin distender el rostro, sin abrir los apretados puños—. ¡Mira qué estúpido lobo has sido después de todo! El atontado borracho que nunca bebía la quincuagésima parte del licor con que le asediabas, sino que lo arrojaba aquí, allá, por todas partes..., casi delante de tus ojos; que compró al sujeto que contrataste para que lo vigilara y lo llenara de bebida, pujando más que tú en su soborno cuando todavía no llevaba tres días en su tarea; con el que no guardabas precaución, pero que estaba tan resuelto a librar a la tierra de ti como una bestia salvaje, que te habría derrotado por prudente que hubieras sido; ese borracho al que tantas veces has dejado tendido en el suelo de este cuarto, y que incluso te ha dejado salir, vivo y confiado, cuando le has dado una vuelta con el pie; ¡ese borracho, en casi todas esas ocasiones, la misma noche, al cabo de una hora, al cabo de unos minutos, te ha vigilado mientras estabas despierto, ha metido la mano bajo tu almohada después de dormirte, ha registrado tus documentos, ha tomado muestras de tus botellas y tus paquetes de polvos, cambiando sus contenidos, te ha arrebatado todos los secretos de tu vida!

Slinkton había tomado en la mano otro polvo de rapé, pero lo había ido dejando caer, poco a poco, al suelo, resbalándole entre los dedos; y ahora lo allanaba con el pie, mirándolo fijamente entre tanto.

—Ese borracho—manifestó Beckwith—que tenía libre acceso a tu piso a todas horas, para que se bebiera los fuertes

drinks that you left in his way and be the sooner ended, holding no more terms with you than he would hold with a tiger, has had his master-key for all your locks, his test for all your poisons, his clue to your cipher-writing. He can tell you, as well as you can tell him, how long it took to complete that deed, what doses there were, what intervals, what signs of gradual decay upon mind and body; what distempered fancies were produced, what observable changes, what physical pain. He can tell you, as well as you can tell him, that all this was recorded day by day, as a lesson of experience for future service. He can tell you, better than you can tell him, where that journal is at this moment.'

Slinkton stopped the action of his foot, and looked at Beckwith.

'No,' said the latter, as if answering a question from him. 'Not in the drawer of the writing-desk that opens with a spring; it is not there, and it never will be there again.'

'Then you are a thief!' said Slinkton.

Without any change whatever in the inflexible purpose, which it was quite terrific even to me to contemplate, and from the power of which I had always felt convinced it was impossible for this wretch to escape, Beckwith returned,

'And I am your niece's shadow, too.'

With an imprecation Slinkton put his hand to his head, tore out some hair, and flung it to the ground. It was the end of the smooth walk; he destroyed it in the action, and it will soon be seen that his use for it was past.

Beckwith went on: 'Whenever you left here, I left here. Although I understood that you found it necessary to pause in the completion of that purpose, to avert suspicion, still I watched you close, with the poor confiding girl. When I had the diary, and could read it word by word,—it was only about the night before your last visit to Scarborough,—you re-

licores que dejabas en su camino y terminara cuanto antes, sin tener otra relación contigo de la que tendría con un tigre, se hizo con una llave maestra para todas tus cerraduras, con contrastes para todos tus venenos, con la clave para todos tus escritos cifrados. El puede decirte, como tú puedes explicárselo a él, cuánto tiempo exigió la realización de aquella hazaña, las dosis empleadas, los intervalos, los indicios de agotamiento gradual de la mente y el cuerpo; las elucubraciones perturbadas que se producían, las alteraciones que se observaban, los dolores físicos. Puede decirte, tan bien como tú puedes explicárselo a él, que todo esto fue anotado día a día, como lección de experiencia para aplicación futura. Puede decirte, mejor que tú a él, dónde está el diario en este momento.

Slinkton detuvo el movimiento de su pie y miró a Beckwith.

—No—dijo éste, como si contestara a una pregunta suya—. No está en el cajón del escritorio que se abre con un resorte; no está allí, y nunca volverá a estar allí.

—¡Entonces, eres un ladrón!—exclamó Slinkton.

Sin la menor alteración en su inflexible propósito, que incluso para mí resultaba aterrador contemplar, y de cuya pujanza siempre había estado yo convencido que le sería imposible escapar a aquel desalmado, Beckwith replicó:

—También soy la sombra de tu sobrina.

Lanzando una imprecación, Slinkton se llevó la mano a la cabeza, se arrancó algunos cabellos y los arrojó al suelo. Aquél fue el final del cuidado sendero; de esta manera lo destruyó, y pronto se vería que su utilidad había terminado.

—Siempre que te marchabas, yo me marchaba—prosiguió Beckwith—. Aunque yo entendía que te parecería necesario demorarte en la realización de tu propósito, para evitar sospechas, no por ello dejé de vigilarte muy de cerca, con la pobre y confiada muchacha. Cuando encontré el diario y pude leerlo palabra por palabra—fue sólo la noche anterior a tu última visita a Scarborough (¿recuerdas esa noche?; dormiste con

member the night? you slept with a small flat vial tied to your wrist,—I sent to Mr. Sampson, who was kept out of view. This is Mr. Sampson's trusty servant standing by the door. We three saved your niece among us.'

Slinkton looked at us all, took an uncertain step or two from the place where he had stood, returned to it, and glanced about him in a very curious way,—as one of the meaner reptiles might, looking for a hole to hide in. I noticed at the same time, that a singular change took place in the figure of the man,—as if it collapsed within his clothes, and they consequently became ill-shapen and ill-fitting.

'You shall know,' said Beckwith, 'for I hope the knowledge will be bitter and terrible to you, why you have been pursued by one man, and why, when the whole interest that Mr. Sampson represents would have expended any money in hunting you down, you have been tracked to death at a single individual's charge. I hear you have had the name of Meltham on your lips sometimes?'

I saw, in addition to those other changes, a sudden stoppage come upon his breathing.

'When you sent the sweet girl whom you murdered (you know with what artfully made-out surroundings and probabilities you sent her) to Meltham's office, before taking her abroad to originate the transaction that doomed her to the grave, it fell to Meltham's lot to see her and to speak with her. It did not fall to his lot to save her, though I know he would freely give his own life to have done it. He admired her;—I would say he loved her deeply, if I thought it possible that you could understand the word. When she was sacrificed, he was thoroughly assured of your guilt. Having lost her, he had but one object left in life, and that was to avenge her and destroy you.'

I saw the villain's nostrils rise and fall convulsively; but I saw no moving at his mouth.

un frasquito plano atado a la muñeca)—avisé al señor Sampson, que se mantenía apartado. Ahí tienes, junto a la puerta, al fiel criado del señor Sampson. Entre los tres salvamos a tu sobrina.

Slinkton nos miró a todos, dio un par de pasos inciertos fuera del lugar donde había permanecido, volvió al mismo sitio y miró en torno suyo de manera muy curiosa, como podría mirar uno de los más viles reptiles, en busca de un agujero donde ocultarse. Observé que al propio tiempo se producía un cambio singular en el aspecto del individuo, como si se derrumbara dentro de sus ropas, las cuales, por ende, quedaban defectuosamente cortadas y adaptadas al cuerpo.

—Vas a saber ahora—dijo Beckwith—, pues confío en que el saberlo será más amargo y terrible para ti, por qué te ha perseguido un hombre, y por qué, cuando los intereses que el señor Sampson representa habrían gustosamente gastado el dinero que hiciera falta para desenmascararte, has sido perseguido a muerte por la acción de un solo individuo. Tengo entendido que tus labios han pronunciado el nombre de Meltham en alguna ocasión.

Observé, aparte de los otros cambios, que la respiración del hombre se detenía súbitamente.

—Cuando enviaste a la dulce joven a la que asesinaste (tú sabrás con qué habilidosos circunloquios y probabilidades la mandaste) a la oficina de Meltham, antes de llevártela al extranjero para realizar la gestión que la condujo a la tumba, le cayó en suerte a Meltham verla y hablar con ella. No le cayó en suerte salvarla, aunque sé que habría dado gustosamente su vida por conseguirlo. La admiraba; diría yo que la amaba profundamente, si creyera posible que fueras capaz de comprender esa palabra. Cuando la muchacha fue sacrificada, él quedó por completo convencido de tu culpabilidad. Y habiéndola perdido, su vida ya no tuvo más que un objetivo: el de vengarla a ella y aniquilarte a ti.

Observé cómo subían y bajaban convulsivamente las ventanas de la nariz del malvado, mas su boca no se movía.

'That man Meltham,' Beckwith steadily pursued, 'was as absolutely certain that you could never elude him in this world, if he devoted himself to your destruction with his utmost fidelity and earnestness, and if he divided the sacred duty with no other duty in life, as he was certain that in achieving it he would be a poor instrument in the hands of Providence, and would do well before Heaven in striking you out from among living men. I am that man, and I thank God that I have done my work!'

If Slinkton had been running for his life from swift-footed savages, a dozen miles, he could not have shown more emphatic signs of being oppressed at heart and labouring for breath, than he showed now, when he looked at the pursuer who had so relentlesly hunted him down.

'You never saw me under my right name before; you see me under my right name now. You shall see me once again in the body, when you are tried for your life. You shall see me once again in the spirit, when the cord is round your neck, and the crowd are crying against you!'

When Melthan had spoken these last words, the miscreant suddenly turned away his face, and seemed to strike his mouth with his open hand. At the same instant, the room was filled with a new and powerful odour, and, almost at the same instant, he broke into a crooked run, leap, start,—I have no name for the spasm,—and fell, with a dull weight that shook the heavy old doors and windows in their frames.

That was the fitting end of him.

When we saw that he was dead, we drew away from the room, and Meltham, giving me his hand, said, with a weary air:

'I have no more work on earth, my friend. But I shall see her again elsewhere.'

It was in vain that I tried to rally him. He might have

—Ese Meltham—prosiguió implacable Beckwith—estaba hasta tal punto convencido de que no te sería posible librarte de él en este mundo, si él se entregaba a tu destrucción con la máxima constancia y energía, y si no compartía este sagrado deber con ninguna otra obligación, como seguro de que al llevar la tarea a cabo sería un pobre instrumento en las manos de la Providencia, y que obraría bien ante el Cielo borrándote de entre los vivos. ¡Yo soy ese hombre, y doy gracias a Dios porque he cumplido mi obra!

Si Slinkton se hubiera visto huyendo, para salvar su vida, de un grupo de raudos salvajes, durante una docena de millas, no habría mostrado señales más acusadas de opresión del corazón y dificultad para respirar que las que ahora mostraba al mirar al perseguidor que tan implacablemente lo había acosado.

—Nunca me habías visto con mi verdadero nombre; ahora me ves con mi verdadero nombre. Volverás a verme en el tribunal, cuando se decida la suerte de tu vida. ¡Volverás a verme en tu mente, cuando la cuerda se cierre en torno de tu cuello y la muchedumbre te insulte!

En aquel momento en que Meltham pronunciaba estas palabras, el bribón volvió bruscamente la cara, y pareció como si se golpeara la boca con la mano abierta. En el mismo instante, la habitación se llenó de un nuevo y penetrante olor, y él, casi en el mismo instante, se lanzó a una descoyuntada carrera de saltos y convulsiones—no sé cómo calificar el espasmo de que fue presa—, y cayó a tierra pesadamente, haciendo trepidar en sus marcos las viejas puertas y ventanas.

Aquél fue su merecido fin.

Cuando vimos que estaba muerto, abandonamos la habitación, y Meltham, dándome la mano, dijo, con gesto de fatiga:

—No tengo nada más que hacer en la tierra, amigo mío. Pero a ella volveré a verla en otra parte.

Fue en vano que tratara de animarlo. Podía haberla sal-

saved her, he said; he had not saved her, and he reproached himself; he had lost her, and he was broken-hearted.

'The purpose that sustained me is over, Sampson, and there is nothing now to hold me to life. I am not fit for life; I am weak and spiritless; I have no hope and no object; my day is done.'

In truth, I could hardly have believed that the broken man who then spoke to me was the man who had so strongly and so differently impressed me when his purpose was before him. I used such entreaties with him, as I could; but he still said, and always said, in a patient, undemonstrative way,—nothing could avail him,—he was broken-hearted.

He died early in the next spring. He was buried by the side of the poor young lady for whom he had cherished those tender and unhappy regrets; and he left all he had to her sister. She lived to be a happy wife and mother; she married my sister's son, who succeeded poor Meltham; she is living now, and her children ride about the garden on my walking-stick when I go to see her.

vado, decía; no la había salvado, y de ello se acusaba; la había perdido, y su corazón estaba roto.

—El propósito que era mi sostén se ha cumplido, Sampson, y ya nada hay que me retenga en la vida. No me encuentro con ganas de vivir; estoy débil y abatido; no tengo esperanza ni objeto; mis días están contados.

A decir verdad, me costaba trabajo creer que aquel hombre abatido que así me hablaba fuera el mismo que de manera tan rotunda y tan diferente me había impresionado cuando tenía ante sí la meta perseguida. Argumenté cuanto pude; pero continuó diciendo, inflexiblemente, con tranquilo e indiferente acento, que nada podía salvarlo, que su corazón estaba deshecho.

Murió al principio de la primavera siguiente. Fue enterrado junto a la pobre damita por la que acarició aquellos tiernos y desgraciados sentimientos, y dejó cuanto tenía a su hermana. Esta llegó a convertirse en esposa y madre feliz; se casó con el hijo de mi hermana, que sucedió al pobre Meltham, y ahora vive, y sus hijos cabalgan por el jardín sobre mi bastón cuando voy a verla.

No.1 Branch Line: The Signalman

'Halloa! Below there!'

When he heard a voice thus calling to him, he was standing at the door of his box, with a flag in his hand, furled round its short pole. One would have thought, considering the nature of the ground, that he could not have doubted from what quarter the voice came; but, instead of looking up to where I stood on the top of the steep cutting nearly over his head, he turned himself about and looked down the Line. There was something remarkable in his manner of doing so, though I could not have said, for my life, what. But I know it was remarkable enough to attract my notice.

'Halloa! Below!'

From looking down the Line, he turned himself about again, and, raising his eyes, saw my figure high above him.

'Is there any path by which I can come down and speak to you?'

He looked up at me without replying, and I looked down at him without pressing him too soon with a repetition of my idle question. Just then, there came a vague vibration in the earth and air, quickly changing into a violent pulsation and an oncoming rush that caused me to start back, as though it had force to draw me down. When such vapour as rose to my height from this rapid train had passed me and was skimming away over the landscape, I looked down again, and saw him refurling the flag he had shown while the train went by.

I repeated my inquiry. After a pause, during which he

—¡Eh! ¡Ahí abajo!

Cuando oyó una voz que así lo llamaba, se encontraba delante de la puerta de su caseta, con una bandera en la mano, enrollada en la corta asta. Uno hubiera pensado, en atención a la naturaleza del terreno, que no podían caber dudas sobre la procedencia de la voz; pero en lugar de mirar hacia arriba, a donde yo estaba, en lo alto del profundo tajo, casi encima de su cabeza, dio media vuelta y miró a lo largo de la vía. Había algo extraño en su manera de proceder, aunque por mi vida que me hubiera sido imposible precisar qué era. Pero sé que era suficientemente notable como para llamar mi atención.

—¡Eh! ¡Ahí abajo!

Dejando de mirar a lo largo de la vía, se volvió otra vez y, levantando los ojos, vio mi figura en lo alto, sobre él.

—¿Hay algún camino por donde yo pueda bajar para hablar con usted?

Me miró con el rostro levantado, sin contestar, y yo le miré hacia abajo, sin instarle demasiado pronto con una repetición de mi fútil pregunta. En ese momento se produjo una vaga vibración de la tierra y del aire, que se convirtió rápidamente en un violento latido y un turbión que llegaba y que me obligó a echarme hacia atrás, como si tuviera fuerza para arrastrarme hacia abajo. Cuando el humo, que ascendió tan alto como para llegar hasta mí, de este tren rápido, pasó de largo y se fue rastreando por la campiña, volví a mirar abajo, y le vi enrollando de nuevo la bandera que había desplegado mientras el tren pasaba.

Repetí mi pregunta. Tras una pausa, durante la cual pa-

seemed to regard me with fixed attention, he motioned with his rolled-up flag towards a point on my level, some two or three hundred yards distant. I called down to him, 'All right!' and made for that point. There, by dint of looking closely about me, I found a rough zig-zag descending path.

The cutting was extremely deep, and unusually precipitate. It was made through a clammy stone that became oozier and wetter as I went down.

When I came down low enough upon the zig-zag descent to see him again, I saw that he was standing between the rails on the way by which the train had lately passed, in an attitude as if he were waiting for me to appear.

I resumed my downward way, and, stepping out upon the level of the railroad and drawing nearer to him, saw that he was a dark, sallow man, with a dark beard and rather heavy eyebrows. His post was in as solitary and dismal a place as ever I saw. On either side, a dripping wet wall of jagged stone, excluding all view but a strip of sky; the perspective one way, only a crooked prolongation of this great dungeon; the shorter perspective in the other direction, terminating in a gloomy red light, and the gloomier entrance to a black tunnel, in whose massive architecture there was a barbarous, depressing, and forbidding air.

Before he stirred, I was near enough to him to have touched him. Not even then removing his eyes from mine, he stepped back one step, and lifted his hand.

This was a lonesome post to occupy (I said), and it had riveted my attention when I looked down from up yonder. A visitor was a rarity, I should suppose; not an unwelcome rarity, I hoped? In me, he merely saw a man who had been shut up within narrow limits all his life, and who, being

reció mirarme con atención concentrada, señaló con su enrollada bandera hacia un lugar situado a mi altura, a una distancia de doscientas o trescientas yardas. Le grité: '¡Muy bien!', y me dirigí hacia el punto señalado. Allí, a fuerza de mirar atentamente en torno, encontré un abrupto sendero que descendía serpenteando.

La trinchera era muy profunda y desusadamente escarpada. Estaba practicada a través de una viscosa roca, que se hacía más legamosa y húmeda a medida que yo descendía.

Cuando bajé por el zigzagueante descenso lo suficiente para volver a verlo, observé que estaba plantado entre los raíles de la vía por la que acababa de pasar el tren, como en espera de mi presencia.

Reanudé la bajada y, emergiendo al nivel de la vía férrea, me acerqué a él y vi que era un individuo moreno y cetrino, con barba oscura y cejas densamente pobladas. Su puesto estaba en el lugar más solitario y lúgubre que jamás había contemplado. A cada lado, un muro rezumante de humedad, de superficie irregular, que excluía todo horizonte que no fuera una franja de cielo; la perspectiva que se ofrecía por un lado era sólo una encorvada prolongación de este enorme calabozo; la perspectiva, aún más breve, en la otra dirección, terminaba en una tétrica luz roja, y el aún más tétrico acceso a un negro túnel, cuya maciza arquitectura ofrecía un aire bárbaro, deprimente y repulsivo.

Antes de que pensara en moverse, llegué lo suficientemente cerca de él como para tocarlo. Sin apartar de mí, ni aun entonces, los ojos, retrocedió un paso y levantó la mano.

Era un puesto muy solitario para desempeñarlo (le dije) y me había llamado la atención cuando miré hacia abajo desde allá. Suponía que un visitante resultaría una rareza, si bien esperaba que no fuera una rareza no bien recibida. En mí, él no debía ver más que un hombre que había pasado toda su vida encerrado en estrechos límites y que, habiéndose por

at last set free, had a newly-awakened interest in these great works.

He directed a most curious look towards the red light near the tunnel's mouth, and looked all about it, as if something were missing from it, and then looked at me.

The light was part of his charge? Was it not?

He answered in a low voice: 'Don't you know it is?'

The monstrous thought came into my mind as I perused the fixed eyes and the saturnine face that this was a spirit, not a man.

In my turn, I stepped back. But in making the action I detected in his eyes some latent fear of me. This put the monstrous thought to flight.

'You look at me,' I said, forcing a smile, 'as if you had a dread of me.'

'I was doubtful,' he returned, 'whether I had seen you before.'

'Where?'

He pointed to the red light he had looked at.

'There?' I said.

Intently watchful of me, he replied (but without sound), 'Yes.'

'My good fellow, what should I do there? However, be that as it may, I never was there, you may swear.'

'I think I may,' he rejoined. 'Yes. I am sure I may.'

His manner cleared, like my own. He replied to my remarks with readiness, and in well-chosen words. Had he much to do there? Yes; that was to say, he had enough responsibility to bear; but exactness and watchfulness were what was required of him, and of actual work—manual labour—he had next to none. To change that signal, to trim those lights, and to turn this iron handle now and then, was all he had to do under that head. Regarding those many long and lonely hours of which I seemed to

fin liberado, sentía un recién despertado interés por estas grandes obras.

Echó una mirada rara en verdad hacia la luz roja situada cerca de la boca del túnel y observó detenidamente sus contornos, como si allí faltara algo; luego me miró a mí.

¿Formaba parte de su cometido aquella luz? ¿O no?

Contestó en voz baja:

—¿No sabe usted que sí?

Al estudiar sus fijos ojos y su melancólico rostro, cruzó por mi mente la monstruosa idea de que se trataba de un espíritu, no de un hombre.

A mi vez, retrocedí. Pero, al hacerlo, observé en sus ojos una especie de miedo de mí. Esto puso en fuga la monstruosa idea.

—Me mira usted—dije, esforzándome en sonreír—como si me tuviera usted miedo.

—Estaba dudando—repuso—de si le había visto a usted antes.

—¿Dónde?

Señaló hacia la luz roja a la que había estado mirando.

—¿Allí?—dije.

Observándome fijamente, replicó, pero con voz sin sonido:

—Sí.

—Amigo mío, ¿qué iba a hacer yo ahí? Sin embargo, sea como quiera, nunca estuve ahí, puede usted estar seguro.

—Creo que puedo—repuso—. Sí. Creo que puedo estarlo.

Sus modales se sosegaron, y a mí me ocurrió lo mismo. Contestó a mis observaciones con prontitud y con palabras bien escogidas. ¿Tenía mucho que hacer allí? Sí; es decir, tenía sobre sí bastante responsabilidad; pero exactitud y vigilancia era lo que se requería de él, y de trabajo propiamente dicho—labor manual—casi no tenía nada. Cambiar aquella señal, ajustar esas luces y volver esta palanca de hierro de vez en cuando, era todo lo que tenía que hacer como trabajo manual. En relación con aquellas muchas largas y solitarias

make so much, he could only say that the routine of his life had shaped itself into that form, and he had grown used to it.

Was it necessary for him when on duty always to remain in that channel of damp air, and could he never rise into the sunshine from between these high stone walls? Why, that depended upon times and circumstances. Under some conditions there would be less traffic upon the line than under others, and the same held good as to certain hours of the day and night. In bright weather, he did choose occasions for getting a little above these lower shadows; but, being at all times liable to be called by his electric bell, and at such times listening for it with redoubled anxiety, the relief was less than I would suppose.

He took me into his box, where there was a fire, a desk for an official book in which he had to make certain entries, a telegraphic instrument with its dial face and needles, and the little bell of which he had spoken.

He had been, when young (if I could believe it, sitting in that hut; he scarcely could), a student of natural philosophy, and had attended lectures; but he had run wild, misused his opportunities, gone down and never risen again. He had no complaint to offer about that.

In the discharge of his duties I observed him to be remarkably exact and vigilant, breaking off his discourse at a syllable, and remaining silent until what he had to do was done.

In a word, I should have set this man down as one of the safest of men to be employed in that capacity, but for the circumstance that while he was speaking to me he twice broke off with a fallen colour, turned his face towards the little bell when it did *not* ring, opened the door of the hut (which was kept shut to exclude the unhealthy damp), and looked out towards the red light near

horas de las que yo parecía preocuparme tanto, sólo podía decir que la rutina de su vida se había modelado de aquella manera, y había llegado a habituarse a ella.

¿Mientras estaba de servicio le era obligado permanecer siempre en aquel canal de húmedo aire, y nunca podía subir hasta la luz del sol, de entre aquellas altas paredes de piedra? Ah, eso dependía de la hora y de las circunstancias. Bajo ciertas condiciones había menos tráfico en la línea que bajo otras, y lo mismo podía decirse respecto a ciertas horas del día y de la noche. Con buen tiempo, aprovechaba ocasiones para encaramarse un poco sobre aquellas hundidas sombras; pero, como estaba expuesto a que lo llamaran en cualquier momento por medio del timbre eléctrico, y en esos instantes tenía que estar a la escucha con inquietud redoblada, el alivio era menor de lo que yo pudiera suponer.

Me hizo entrar en su caseta, donde había un fuego encendido, una mesa para un libro oficial en el que tenía que efectuar ciertas anotaciones, un aparato telegráfico con su esfera redonda y sus manecillas y el pequeño timbre de que me había hablado.

De joven fue—si yo podía creerlo, viéndole en aquella choza; a él le parecía mentira—estudiante de filosofía natural, y había seguido cursos; pero había sido un insensato, perdió sus oportunidades, y cayó para no incorporarse nunca. No tenía queja de ello.

En el desempeño de sus obligaciones, pude observar que era notablemente exacto y atento; interrumpía en medio de una palabra lo que estaba diciendo y permanecía en silencio hasta que lo que tenía que hacer estaba hecho.

En resumen, yo habría considerado a este hombre como uno de los de más garantía para desempeñar aquella misión, a no ser por la circunstancia de que mientras hablaba conmigo, se interrumpió en dos ocasiones, palideciendo; volvió el rostro hacia el timbre, que no sonaba; abrió la puerta de la cabaña (que permanecía cerrada para evitar la insalubre humedad) y

the mouth of the tunnel. On both of those occasions he came back to the fire with the inexplicable air upon him which I had remarked, without being able to define, when we were so far asunder.

Said I when I rose to leave him: 'You almost make me think that I have met with a contented man.'

'I believe I used to be so,' he rejoined, in the low voice in which he had first spoken; 'but I am troubled, sir, I am troubled.'

He would have recalled the words if he could. He had said them, however, and I took them up quickly.

'With what? What is your trouble?'

'It is very difficult to impart, sir. It is very, very difficult to speak of. If ever you make me another visit, I will try to tell you.'

'But I expressly intend to make you another visit. Say, when shall it be?'

'I go off early in the morning, and I shall be on again at ten to-morrow night, sir.'

'I will come at eleven.'

He thanked me, and went out at the door with me. 'I'll show my white light, sir,' he said in his peculiar low voice, 'till you have found the way up. When you have found it, don't call out! And when you are at the top, don't call out!'

His manner seemed to make the place strike colder to me, but I said no more than 'Very well.'

'And when you come down to-morrow night don't call out! Let me ask you a parting question. What made you cry 'Halloa! Below there!' to-night?'

'Heaven knows,' said I. 'I cried something to that effect——'

'Not to that effect, sir. Those were the very words. I know them well.'

miró hacia la luz roja de junto a la boca del túnel. En ambas ocasiones regresó junto al fuego con el inexplicable aire que ya había yo observado, sin poder definirlo, cuando estaba yo tan apartado de él.

Le dije cuando me levanté para marcharme:

—Casi me hace usted creer que he conocido a un hombre satisfecho de su suerte.

—Creo que lo estaba—repuso, en voz baja, como me había hablado al principio—, pero estoy conturbado, sí, señor, estoy conturbado.

De serle posible, habría retirado estas palabras. Pero las había dicho, y yo las aprehendí rápidamente.

—¿Con qué? ¿Qué le preocupa?

—Es muy difícil de explicar. Es difícil, muy difícil, hablar de ello. Si llegara usted a hacerme otra visita, trataría de decírselo.

—Pero si tengo hecho el propósito de visitarlo de nuevo. Dígame, ¿cuándo puedo venir?

—Dejo el servicio por la mañana temprano, y estaré de servicio a las diez, mañana por la noche.

—Vendré a las once.

Me dio las gracias y salió a la puerta conmigo.

—Le alumbraré con mi luz blanca, señor—dijo con aquella su peculiar voz baja—, hasta que encuentre el camino de subida. ¡Cuando lo encuentre, no llame! ¡Y cuando esté usted arriba, no llame!

Sus modales parecieron hacer que el lugar resultase más gélido que nunca, pero me limité a decir:

—Muy bien.

—¡Y cuando venga usted mañana por la noche, no llame! Permítame que le haga una última pregunta: ¿Qué le hizo gritar: '¡Eh! ¡Ahí abajo!', esta noche?

—Dios lo sabe—dije—. Grité algo por el estilo...

—No por el estilo, señor. Esas fueron las palabras exactas. Las conozco bien.

'I admit those were the very words. I said them, no doubt, because I saw you below.'

'For no other reason?'

'What other reason could I possibly have?'

'You had no feeling that they were conveyed to you in any supernatural way?'

'No.'

He wished me good night, and held up his light. I walked by the side of the down line of rails (with a very disagreeable sensation of a train coming behind me), until I found the path. I got back to my inn without any adventure.

Punctual to my appointment, I placed my foot on the first notch of the zig-zag next night, as the distant clocks were striking eleven. He was waiting for me at the bottom, with his white light on.

'I have not called out.' I said, when we came close together; 'may I speak now?'

'By all means, sir.'

'Good night then, and here's my hand.'

'Good night, sir, and here's mine.'

With that we walked side by side to his box, entered it, closed the door, and sat down by the fire.

'I have made up my mind, sir.' he began, bending forward as soon as we were seated, and speaking in a tone but a little above a whisper, 'that you shall not have to ask me twice what troubles me. I took you for someone else yesterday evening. That troubles me.'

'That mistake?'

'No. That someone else.'

'Who is it?'

'I don't know.'

'Like me?'

'I don't know. I never saw the face. The left arm is

—Admito que esas fueron las palabras exactas. Las pronuncié, sin duda, porque le vi a usted debajo.

—¿Por ninguna otra razón?

—¿Y qué otra razón podía yo tener?

—¿No sintió usted la impresión de que le fueran imbuidas de alguna manera sobrenatural?

—No.

Me deseó buenas noches y mantuvo en alto la luz. Anduve por junto al carril de la vía descendente (con la desagradabilísima sensación de que llegaba un tren a mi espalda) hasta que encontré el camino. Regresé a mi posada sin ningún incidente.

Puntual a mi cita, puse el pie en el primer tramo del camino en zigzag a la noche siguiente, cuando en los distantes relojes sonaban las once. Me esperaba al fondo, con el farol blanco encendido.

—No le he llamado—dije cuando nos reunimos—. ¿Puedo hablar ahora?

—Desde luego, señor.

—Pues buenas noches, y aquí está mi mano.

—Buenas noches, y aquí está la mía.

Con esto, anduvimos uno junto al otro hasta la caseta, entramos, cerró la puerta y nos sentamos al lado del fuego.

—He tomado una decisión, señor—comenzó, inclinándose hacia adelante tan pronto como nos sentamos, y hablando en tono que apenas era más que un susurro—; que no tenga usted que preguntarme dos veces por lo que me preocupa. Ayer le tomé a usted por otro. Eso me preocupa.

—¿Esa confusión?

—No. Ese otro.

—¿Quién es?

—No lo sé.

—¿Se parece a mí?

—No lo sé. Nunca le vi la cara. Su brazo izquierdo está

across the face and the right arm is waved. Violently waved. This way.'

I followed his action with my eyes, and it was the action of an arm gesticulating with the utmost passion and vehemence: 'For God's sake, clear the way!'

'One moonlight night,' said the man, 'I was sitting here, when I heard a voice cry, 'Halloa! Below there!' I started up, looked from that door, and saw this someone else standing by the red light near the tunnel, waving as I just now showed you. The voice seemed hoarse with shouting, and it cried, 'Look out! Look out!' And then again 'Halloa! Below there! Look out!' I caught up my lamp, turned it on red, and ran towards the figure calling. 'What's wrong? What has happened? Where?' It stood just outside the blackness of the tunnel. I advanced so close upon it that I wondered at its keeping the sleeve across its eyes. I ran right up to it, and had my hand stretched out to pull the sleeve away when it was gone.'

'Into the tunnel,' said I.

'No. I ran on into the tunnel, five hundred yards. I stopped and held my lamp above my head and saw the figures of the measured distance, and saw the wet stains stealing down the walls and trickling through the arch. I ran out again, faster than I had run in (for I had a mortal abhorrence of the place upon me), and I looked all round the red light with my own red light, and I went up the iron ladder to the gallery atop of it, and I came down again, and ran back here. I telegraphed both ways: 'An alarm has been given. Is anything wrong?' The answer came back, both ways: 'All Well.''

Resisting the slow touch of a frozen finger tracing out my spine, I showed him how that this figure must be a deception of his sense of sight, and how that figures,

tapándole el rostro y el brazo derecho está accionando. Accionando violentamente. De esta forma.

Seguí sus ademanes con la vista, y eran los ademanes de un brazo que gesticulaba con la más acusada pasión y vehemencia; '¡Por Dios, apártate!'

—Una noche de claro de luna—dijo el hombre—, estaba yo aquí sentado, cuando oí una voz que gritaba: '¡Eh! ¡Ahí abajo!' Me levanté sobresaltado, miré desde esa puerta y vi a ese quien sea situado junto a la luz roja, cerca del túnel, accionando como acabo de explicarle. La voz parecía ronca de gritar y exclamaba: '¡Cuidado! ¡Cuidado!' Y luego otra vez: '¡Eh! ¡Ahí abajo! ¡Cuidado!' Cogí el farol, lo puse en luz roja y corrí hacia la figura gritando: '¿Qué ocurre? ¿Qué ha sucedido? ¿Dónde?' Permanecía exactamente al lado de las tinieblas del túnel. Me adelanté hasta hallarme tan cerca de ella, que me extrañé de que siguiera teniendo la manga cruzada sobre los ojos. Me acerqué corriendo hasta ella, y tenía extendida la mano para apartar la manga, cuando desapareció.

—En el interior del túnel—dije.

—No. Recorrí unas quinientas yardas por dentro del túnel. Por fin me detuve y levanté el farol sobre la cabeza, viendo las cifras que marcaban el camino recorrido y los regueros de humedad que resbalaban por las paredes y goteaban de la bóveda. Corrí de nuevo hacia la salida, más deprisa que había corrido hacia el interior del túnel (pues sentía una aversión mortal hacia aquel sitio que se cernía sobre mí), y miré detenidamente en los contornos de la luz roja con mi propio farol de luz roja, y subí por la escala de hierro a la plataforma situada encima de ella, volví a bajar y regresé aquí corriendo. Telegrafié en ambas direcciones: 'Han dado una alarma. ¿Ocurre algo?' La contestación vino de ambas direcciones: 'Sin novedad.'

Luchando contra el lento roce de un dedo helado que me recorría la espina dorsal, le hice observar cómo aquella figura debía de ser una ilusión de su sentido visual, y cómo es sabido

originating in disease of the delicate nerves that minister to the functions of the eye, were known to have often troubled patients, some of whom had become conscious of the nature of their affliction, and had even proved it by experiments upon themselves.

That was all very well, he returned, after we had sat listening for a while. But he would beg to remark that he had not finished.

I asked his pardon, and he slowly added these words, touching my arm:

'Within six hours after the Appearance the memorable accident on this line happened, and within ten hours the dead and wounded were brought along through the tunnel over the spot where the figure had stood.'

A disagreeable shudder crept over me, but I did my best against it. It was not to be denied, I rejoined, that this was a remarkable coincidence, calculated deeply to impress his mind. But it was unquestionable that remarkable coincidences did continually occur, and they must be taken into account in dealing with such a subject.

'This,' he said, again laying his hand upon my arm, and glancing over his shoulder with hollow eyes, 'was just a year ago. Six or seven months passed, and I had recovered from the surprise and shock, when one morning, as the day was breaking, I, standing at that door, looked towards the red light, and saw the spectre again.' He stopped, with a fixed look at me.

'Did it cry out?'

'No. It was silent.'

'Did it wave its arms?'

'No. It leaned against the shaft of the light, with both hands before the face. Like this.'

Once more I followed his action with my eyes. It was an action of mourning.

que esas figuras, originadas por la enfermedad de los delicados nervios que gobiernan las funciones del ojo, conturban a muchos pacientes, algunos de los cuales han llegado a comprender la naturaleza de su aflicción e incluso a demostrarla por medio de experimentos consigo mismos.

Aquello estaba muy bien, replicó, después de permanecer ambos en silencio por unos momentos, escuchando; pero se permitía observar que aún no había concluido.

Le pedí perdón y agregó estas palabras, pronunciadas lentamente, mientras me tocaba el brazo:

—Antes de que transcurrieran seis horas desde la Aparición, se produjo el memorable accidente de esta línea, y antes de diez horas, los muertos y heridos eran llevados por el túnel pasando por el lugar donde la figura hizo acto de presencia.

Un desagradable estremecimiento me sobrecogió, pero luché como pude contra sus efectos. No podía negarse—repuse—que esto constituía una notable coincidencia, hondamente dispuesta para impresionar su mente. Pero quedaba fuera de duda que de continuo se producen notables coincidencias y que deben tenerse en cuenta al considerar un asunto semejante.

—Eso ocurrió hace justamente un año—dijo, volviendo a ponerme la mano en el brazo, mientras echaba una mirada por encima del hombro con sus ojos hundidos—. Transcurrieron seis o siete meses, y ya me había recuperado de la sorpresa y la impresión, cuando una mañana, al romper el día, hallándome en esa puerta, miré hacia la luz roja, y volví a ver el espectro—se interrumpió, mirándome fijamente.

—¿Gritó algo?

—No. Permanecía en silencio.

—¿Agitaba el brazo?

—No. Se apoyaba en el astil de la luz, cubriéndose la cara con ambas manos. Así.

Una vez más seguí con la mirada su ademán. Era la actitud propia de quien llora por un muerto.

'Did you go up to it?'

'I came in and sat down, partly to collect my thoughts, partly because it had turned me faint. When I went to the door again, daylight was above me, and the ghost was gone.'

'But nothing followed? Nothing came of this?'

He touched me on the arm with his forefinger twice or thrice, giving a ghastly nod each time.

'That very day, as a train came out of the tunnel, I noticed at a carriage window on my side what looked like a confusion of hands and heads, and something waved. I saw it, just in time to signal the driver Stop! He shut off, and put his brake on, but the train drifted past here a hundred and fifty yards or more. I ran after it, and, as I went along, heard terrible screams and cries. A beautiful young lady had died instantaneously in one of the compartments, and was brought in here and laid down on this floor between us.'

He resumed: 'Now, sir, mark this, and judge how my mind is troubled. The spectre came back, a week ago. Ever since it has been there, now and again, by fits and starts.'

'At the light?'

'At the Danger-light.'

'What does it seem to do?'

He repeated, if possible with increased passion and vehemence, that former gesticulation of 'For God's sake, clear the way!'

Then he went on: 'I have no peace or rest for it. It calls to me, for many minutes together, in an agonized manner, 'Below there! Look out! Look out! It stands waving to me. It rings my little bell——'

I caught at that. 'Did it ring your bell yesterday evening when I was here and you went to the door?'

—¿Se acercó usted a la figura?

—Entré aquí y me senté, en parte para ordenar mis ideas, en parte porque me sentía desfallecer. Cuando volví a la puerta era de día y el fantasma había desaparecido.

—¿Pero no ocurrió nada? ¿No tuvo consecuencias?

Me tocó dos o tres veces con el dedo en el brazo, a la vez que movía afirmativamente la cabeza con aire siniestro.

—Aquel mismo día, en un momento en que un tren salía del túnel, observé, por la ventanilla de un vagón, del costado de acá, cierta confusión de manos y cabezas y algo que manoteaba. Lo vi con el tiempo justo de dar al conductor la señal de parada. Cortó la marcha y echó el freno, pero el tren se arrastró todavía durante ciento cincuenta yardas o más. Corrí detrás del convoy y, al acercarme, oí terribles alaridos y gritos. Una hermosa joven había muerto de repente en uno de los departamentos y fue conducida aquí y depositada en el suelo que tenemos ahora entre nosotros.

Continuó:

—Y ahora, señor, fíjese en esto y considere cuán turbada tengo la mente. El espectro volvió hace una semana. Desde entonces hace ahí acto de presencia, de tiempo en tiempo; a esta hora, a la otra.

—¿Junto a la luz?

—Junto a la señal de peligro.

—¿Y qué parece estar haciendo?

Mi hombre repitió, con vehemencia y agitación redobladas, el ademán de antes, que significaba: '¡Por Dios, apártate!', y prosiguió luego:

—Por su causa no encuentro momento de paz ni de tranquilidad. Me grita, por espacio de minutos enteros, con acento de agonía: '¡Ahí abajo! ¡Cuidado! ¡Cuidado!' Se está allí agitando el brazo. Toca mi timbre...

Aquí le interrumpí:

—¿Sonó el timbre ayer por la noche cuando, hallándome yo aquí, se acercó usted a la puerta?

'Twice.'

'Why, see,' said I, 'how your imagination misleads you. My eyes were on the bell and my ears were open to the bell, and if I am a living man it did *not* ring at those times. No, nor at any other time, except when it was rung in the natural course of physical things by the station communicating with you.'

He shook his head. 'I have never made a mistake as to that yet, sir. I have never confused the spectre's ring with the man's. The ghost's ring is a strange vibration in the bell that it derives from nothing else, and I have not asserted that the bell stirs to the eye. I don't wonder that you failed to hear it. But *I* heard it.'

'And did the spectre seem to be there when you looked out?'

'It *was* there.'

'Both times?'

He repeated firmly: 'Both times.'

'Will you come to the door with me and look for it now?»

He bit his underlip as though he were somewhat unwilling, but arose. I opened the door and stood on the step, while he stood in the doorway.

'Do you see it?' I asked him, taking particular note of his face. His eyes were prominent and strained; but not very much more so, perhaps, than my own had been when I had directed them earnestly towards the same spot.

'No,' he answered. 'It is not there.'

'Agreed,' said I.

We went in again, shut the door, and resumed our seats.

'By this time you will fully understand, sir,' he said, 'that what troubles me so dreadfully is the question, What does the spectre mean?'

'What is its warning against?' he said, ruminating, with

—Dos veces.

—¡Vaya! Vea cómo le engaña a usted la imaginación. Tenía yo los ojos puestos en el timbre y los oídos abiertos para oírlo, y si es que yo soy un ser viviente, no sonó en esos momentos. No, ni en momento alguno, excepto cuando sonó, en el curso natural de las cosas físicas, por la acción del puesto que comunicaba con usted.

Movió la cabeza.

—Nunca me he equivocado sobre el particular, señor. Jamás he confundido la llamada del espectro con la de los hombres. La llamada del fantasma es una extraña vibración del timbre que no se origina en cosa alguna, y no he declarado que el timbre impresione la retina del ojo con su movimiento. No me extraña que usted no lo oyera. Pero yo sí que lo oí.

—¿Y le pareció que el espectro estaba allí cuando miró usted afuera?

—Estaba allí.

—¿Las dos veces?

—Las dos veces—repitió con firmeza.

—¿Quiere usted acercarse conmigo a la puerta y mirar, por si está ahora?

Se mordió los labios, como si la proposición no le agradara, pero se levantó. Abrí la puerta y me quedé en el escalón, mientras él permanecía en el umbral.

—¿Lo ve usted?—le pregunté, observando atentamente su rostro. Los ojos parecían salírsele de las órbitas con el esfuerzo, pero tal vez no en mayor grado que los míos cuando miré hacia el mismo sitio.

—No—repuso—. No está allí.

—De acuerdo—dije.

Entramos de nuevo, cerró la puerta y volvimos a sentarnos.

—Ahora ya puede usted comprender perfectamente—me dijo—que lo que me causa tan espantosa preocupación es esta pregunta: ¿Qué quiere dar a entender el espectro?

¿Contra qué quiere prevenirme?—dijo caviloso, con la

his eyes on the fire, and only by times turning them on me. 'What is the danger? Where is the danger? There is danger overhanging, somewhere on the Line. Some dreadful calamity will happen. It is not to be doubted this third time, after what has gone before. But surely this is a cruel haunting of *me*. What can *I* do?'

He pulled out his handkerchief and wiped the drops from his heated forehead.

'If I telegraphed Danger on either side of me, or on both, I can give no reason for it,' he went on, wiping the palms of his hands. 'I should get into trouble, and do no good. They would think I was mad. This is the way it would work: Message: 'Danger! Take care!' Answer: 'What Danger? Where?' Message: 'Don't know. But for God's sake, take care!' They would displace me. What else could they do?'

His pain of mind was most pitiable to see.

'When it first stood under the Danger-light,' he went on, putting his dark hair back from his head, and drawing his hand outward across his temples in an extremity of feverish distress, 'why not tell me where that accident was to happen—if it must happen? Why not tell me how it could be averted—if it could have been averted? When on its second coming it hid its face, why not tell me instead: 'She is going to die. Let them keep her at home'? If it came, on those two occasions, only to show me that its warnings were true, and so to prepare me for the third, why not warn me plainly now? And I, Lord help me, a mere poor signalman on this solitary station! Why not go to somebody with credit to be believed and power to act!'

When I saw him in this state I saw that for the poor man's sake, as well as for the public safety, what I had to

mirada fija en el fuego y levantándola hacia mí sólo de vez en cuando—. ¿Cuál es el peligro? ¿Dónde está el peligro? Un peligro se cierne sobre la línea en alguna parte. Va a ocurrir alguna espantosa calamidad. En esta tercera ocasión no puede caber la menor duda, después de lo que ha ocurrido anteriormente. Soy víctima de despiadadas visitas fantasmagóricas. ¿Qué puedo hacer yo?

Sacó el pañuelo y se enjugó las gotas de sudor de la frente ardorosa.

—Si yo telegrafiase 'Peligro', en una dirección o en ambas, no podría dar justificación alguna—prosiguió, enjugándose las palmas de las manos—. Me metería en dificultades, sin ningún resultado práctico. Me creerían un loco. Las cosas sucederían así: Mensaje: '¡Peligro! ¡Cuidado!' Respuesta: '¿Qué peligro? ¿Dónde?' Mensaje: 'No lo sé. ¡Pero, por Dios, cuidado!' Me sustituirían. ¿Qué otra cosa podrían hacer?

Causaba compasión ver el trastorno mental en que se encontraba.

—Cuando apareció por vez primera debajo de la luz de peligro—continuó alisándose hacia atrás el negro cabello, mientras una y otra vez se pasaba las manos por las sienes, con ademán de febril desazón—, ¿por qué no me indicó dónde iba a ocurrir aquel accidente... si tenía que ocurrir? ¿Por qué no me dijo cómo podía prevenirse... si es que podía prevenirse? Cuando, en su segunda aparición, se ocultó el rostro, ¿por qué, en lugar de eso, no decirme: 'La joven va a morir. Que no la dejen salir de casa'? Y si en ambas ocasiones se presentó sólo para convencerme de que sus advertencias son ciertas, preparándome así para la tercera, ¿por qué no me previene ahora con toda claridad? ¡Y yo, así Dios me ayude, un simple y pobre guardavías en este puesto solitario! ¿Por qué no ha acudido ante alguien que disponga de crédito suficiente para que lo crean y facultades para actuar?

Al verlo en semejante estado comprendí que en beneficio del pobre hombre, así como en defensa de la seguridad pú-

do for the time was to compose his mind. Therefore, setting aside all question of reality or unreality between us, I represented to him that whoever thoroughly discharged his duty must do well, and that at least it was his comfort that he understood his duty, though he did not understand these confounding Appearances. In this effort I succeeded far better than in the attempt to reason him out of his conviction. He became calm; the occupations incidental to his post as the night advanced began to make larger demands on his attention; and I left him at two in the morning.

That I more than once looked back at the red light as I ascended the pathway, that I did not like the red light, and that I should have slept but poorly if my bed had been under it I see no reason to conceal.

But, what ran most in my thoughts was the consideration how ought I to act, having become the recipient of this disclosure? I had proved the man to be intelligent, vigilant, painstaking and exact; but how long might he remain so, in his state of mind?

Unable to overcome a feeling that there would be something treacherous in my communicating what he had told me to his superior in the company, without first being plain with himself and proposing a middle course to him, I ultimately resolved to offer to accompany him (otherwise keeping his secret for the present) to the wisest medical practitioner we could hear of in those parts, and to take his opinion. A change in his time of duty would come round next night, he had apprised me, and he would be off an hour or two after sunrise, and on again soon after sunset. I had appointed to return accordingly.

blica, lo que tenía yo que hacer por el momento era tranquilizarlo. Por consiguiente, dejando a un lado toda cuestión de realidad o irrealidad entre nosotros, le expuse que quien cumple con sus obligaciones obra bien y que, al menos, él tenía la satisfacción de que comprendía su obligación, aunque no comprendiera aquellas malditas apariciones. En este aspecto obtuve mejores resultados que con los intentos de hacerle ver con razones lo equivocado de su convicción. Se calmó; las tareas inherentes a su servicio, a medida que avanzaba la noche, empezaron a exigir demandas más prolongadas a su atención, y me despedí de él a las dos de la madrugada.

Que más de una vez miré hacia atrás, a la luz roja, mientras subía por el sendero, que no me gustaba la luz roja y que habría dormido bastante mal de haber tenido debajo de ella mi cama, son circunstancias que no encuentro motivo para ocultarlas.

Pero lo que prevalecía en mis pensamientos era la consideración de cómo debía obrar una vez que me había convertido en depositario de esta revelación. Me había convencido de que aquel hombre era inteligente, vigilante, concienzudo y metódico; pero ¿por cuánto tiempo podía continuar así, con semejante estado de ánimo?

Sin poder sobreponerme a la impresión de que sería en cierto modo una traición que yo comunicara a sus jefes de la compañía lo que me había dicho sin sincerarme antes con él y proponerle una línea de compromiso, me decidí, por fin, a ofrecerme a acompañarlo (guardando, por lo demás y por el momento, su secreto) para que lo viera el médico más calificado de quien pudiéramos tener noticia en los contornos, y conocer su opinión. La noche próxima se registraría un cambio en su horario de servicio, me había dicho, y estaría libre un par de horas después de la salida del sol, y entraría de nuevo de servicio poco después de la puesta de sol. Me había citado para que yo volviera, de acuerdo con este plan.

Next evening was a lovely evening, and I walked out early to enjoy it. The sun was not yet quite down when I traversed the field-path near the top of the deep cutting. I would extend my walk for an hour, I said to myself.

Before pursuing my stroll I stepped to the brink and mechanically looked down from the point from which I had first seen him. I cannot describe the thrill that seized upon me when, close at the mouth of the tunnel, I saw the appearance of a man, with his left sleeve across his eyes, passionately waving his right arm.

The nameless horror that oppressed me passed in a moment, for in a moment I saw that this appearance of a man was a man indeed, and that there was a little group of other men standing at a short distance, to whom he seemed to be rehearsing the gesture he made. The Danger-light was not yet lighted. Against its shaft, a little low hut, entirely new to me, had been made of some wooden supports and tarpaulin. It looked no bigger than a bed.

With an irresistible sense that something was wrong —with a flashing self-reproachful fear that fatal mischief had come of my leaving the man there, and causing no one to be sent to overlook or correct what he did—I descended the notched path with all the speed I could make.

'What is the matter?' I asked the men.

'Signalman killed this morning, sir.'

'Not the man belonging to that box?'

'Yes, sir.'

'Not the man I know?'

'You will recognize him, sir, if you knew him,' said the man who spoke for the others, solemnly uncovering his own head and raising an end of the tarpaulin, 'for his face is quite composed.'

La tarde siguiente era una hermosa tarde, y me puse temprano en camino para disfrutar de ella. El sol no se había aún ocultado por completo cuando atravesé el sendero cerca de lo alto de la profunda trinchera. Me hice el propósito de alargar mi paseo por una hora.

Antes de continuar mi caminata me acerqué al borde y miré abajo mecánicamente desde el sitio preciso de donde vi al hombre por primera vez. No puedo describir el estremecimiento que me recorrió cuando, cerca de la boca del túnel, vi la imagen de un hombre que con la mano izquierda se tapaba los ojos y agitaba violentamente el brazo derecho.

El indescriptible horror que me sobrecogió cesó en un instante, pues en un instante vi que aquella figura de hombre era un hombre auténtico y que había un pequeño grupo de individuos en pie a corta distancia, para los cuales parecía estar representando el gesto que hacía. La luz de peligro no estaba encendida todavía. Contra su astil, una pequeña casilla, por completo nueva para mí, había sido construida con algunos soportes de madera y lienzo alquitranado. No parecía mayor que una cama.

Sintiendo la irreprimible sensación de que algo iba mal —con centelleante temor autocondenatorio de que un error fatal se había producido por haber yo dejado a aquel hombre allí, en lugar de procurar que enviaran a alguien a vigilar o corregir lo que hiciera—, descendí por el dentado sendero con toda la prisa que pude.

—¿Qué sucede?—pregunté a los hombres.

—Un guardavías ha resultado muerto esta mañana, señor.

—¿No será el hombre que servía en aquella caseta?

—Sí, señor.

—¿No será el hombre a quien yo conozco?

—Si lo conoce, señor, podrá usted reconocerlo—dijo el hombre que hablaba por los otros, descubriéndose con gesto solemne mientras levantaba un extremo del lienzo—, pues tiene el rostro muy sosegado.

'Oh! how did this happen, how did this happen?' I asked, turning from one to another as the hut closed in again.

'He was cut down by an engine, sir. No man in England knew his work better. But somehow he was not clear of the outer rail. It was just at broad day. He had struck the light, and had the lamp in his hand. As the engine came out of the tunnel, his back was towards her, and she cut him down. That man drove her and was showing how it happened. Show the gentleman, Tom.'

The man, who wore a rough dark dress, stepped back to his former place at the mouth of the tunnel.

'Coming round the curve in the tunnel, sir,' he said, 'I saw him at the end, like as if I saw him down a perspective-glass. There was no time to check speed, and I knew him to be very careful. As he didn't seem to take heed of the whistle I shut it off when we were running down upon him, and called to him as loud as I could call.'

'What did you say?'

'I said, 'Below there! Look out! Look out! For God's sake, clear the way!'

I started.

'Ah! is was a dreadful time, sir; I never left off calling to him. I put this arm before my eyes, not to see, and I waved this arm to the last; but it was no use.'

—Pero ¿cómo ha ocurrido esto, cómo ha ocurrido esto? —pregunté, mirando a uno y a otro, mientras la casilla era cubierta de nuevo.

—Fue atropellado por una locomotora, señor. No había hombre en Inglaterra que conociera mejor su trabajo. Pero es el caso que no se apartó del raíl exterior. Era en pleno día. Había apagado la luz y tenía el farol en la mano. En el momento en que la máquina salía del túnel le daba la espalda, y lo arrolló. Ese hombre la conducía y nos estaba explicando cómo sucedió. Explícaselo al caballero, Tomás.

Aquel hombre, que llevaba chaqueta oscura de paño burdo, volvió al lugar que ocupaba antes en la boca del túnel.

—Al tomar la curva dentro del túnel—explicó—lo vi en la boca como si lo viera por unos prismáticos. No había tiempo para reducir la velocidad, y sabía que era persona muy precavida. Como no parecía hacer caso del silbido, lo corté cuando nos echábamos encima de él, y le grité con toda la fuerza de mis pulmones.

—¿Qué dijo usted?

—Dije: '¡Ahí abajo! ¡Cuidado! ¡Cuidado! ¡Por Dios, apártate!'

Di un respingo.

—¡Ah!, fueron unos momentos terribles, señor; no dejé de gritarle. Me cubrí los ojos con este brazo para no verlo y agité este otro hasta el final; pero no sirvió de nada.

Providence and the Guitar

CHAPTER I

MONSIEUR LÉON BERTHELINI had a great care of his appearance, and sedulously suited his deportment to the costume of the hour. He affected something Spanish in his air, and something of the bandit, with a flavour of Rembrandt at home. In person he was decidedly small and inclined to be stout; his face was the picture of good humour; his dark eyes, which were very expressive, told of a kind heart, a brisk, merry nature, and the most indefatigable spirits. If he had worn the clothes of the period you would have set him down for a hitherto undiscovered hybrid between the barber, the innkeeper, and the affable dispensing chemist. But in the outrageous bravery of velvet jacket and flapped hat, with trousers that were more accurately described as fleshings, a white handkerchief cavalierly knotted at his neck, a shock of Olympian curls upon his brow, and his feet shod through all weathers in the slenderest of Molière shoes—you had but to look at him and you knew you were in the presence of a Great Creature. When he wore an overcoat he scorned to pass the sleeves; a single button held it round his shoulders; it was tossed backwards after the manner of a cloak, and carried with the gait and presence of an Almaviva. I am of opinion that M. Berthelini was nearing forty. But he had a boy's heart, gloried in his finery, and walked through life like a child in a perpetual dramatic performance. If he were not Almaviva after all, it was not for lack of making believe. And he enjoyed the artist's compensation. If he were not really Almaviva, he was sometimes just as happy as though he were.

CAPITULO I

Monsieur León Berthelini cuidaba mucho de su apariencia, y acomodaba diligentemente su porte a la moda del día. Mostraba cierto aire español en su aspecto, mezclado con algo de bandido, con una pincelada de Rembrandt en su casa. Físicamente era de pequeña estatura e inclinado a la obesidad; en su rostro se reflejaba el buen humor; sus ojos oscuros y muy expresivos, denotaban un corazón bondadoso, un carácter vivo y alegre y un espíritu sumamente infatigable. De haber llevado las ropas de la época, hubiera podido juzgársele como a un ser híbrido y original, mezcla de barbero, de posadero y de amable farmacéutico. Pero en la desaforada osadía de su atavío, de su chaqueta de terciopelo, sombrero de ala ancha, pantalones que mejor podían calificarse de calzas, pañuelo blanco elegantemente anudado al cuello, rizos olímpicos cayéndole por la frente y unos pies calzados en todo tiempo con los más finos zapatos a lo Molière, no tenía uno más que mirarlo para comprender que se hallaba ante un Ser Grande. Cuando usaba abrigo, no se dignaba ponerse las mangas; un solo botón lo sostenía alrededor de los hombros; y echándolo hacia atrás a modo de capa, lo lucía con el porte y prestancia de un Almaviva. Creo que M. Berthelini frisaba los cuarenta años. Pero tenía un corazón de niño, se preciaba de sus galas y caminaba a través de la vida como un muchacho en una perpetua representación teatral. Si, después de todo, no era Almaviva, no podría achacarlo a falta de simulación. Y disfrutaba con la compensación del artista. Aunque no fuera realmente un Almaviva, a veces era tan feliz como si lo fuera.

I have seen him, at moments when he has fancied himself alone with his Maker, adopt so gay and chivalrous a bearing, and represent his own part with so much warmth and conscience, that the illusion became catching, and I believed implicitly in the Great Creature's pose.

But, alas! life cannot be entirely conducted on these principles; man cannot live by Almavivery alone; and the Great Creature, having failed upon several theatres, was obliged to step down every evening from his heights, and sing from half a dozen to a dozen comic songs, twang a guitar, keep a country audience in good humour, and preside finally over the mysteries of a tombola.

Madame Berthelini, who was art and part with him in these undignified labours, and perhaps a higher position in the scale of beings, and enjoyed a natural dignity of her own. But her heart was not any more rightly placed, for that would have been impossible; and she had acquired a little air of melancholy, attractive enough in its way, but not good to see like the wholesome, sky-scraping, boyish spirits of her lord.

He, indeed, swam like a kite on a fair wind, high above earthly troubles. Detonations of temper were not unfrequent in the zones he travelled; but sulky fogs and tearful depressions were there alike unknown. A well-delivered blow upon a table, or a noble attitude, imitated from Mélingue or Frederic, relieved his irritation like a vengeance. Though the heaven had fallen, if he had played his part with propriety, Berthelini had been content! And the man's atmosphere, if not his example, reacted on his wife; for the couple doted on each other, and although you would have thought they walked in different worlds, yet continued to walk hand in hand.

It chanced one day that Monsieur and Madame Berthelini descended with two boxes and a guitar in a fat case at the station of the little town of Castel-le-Gâchis, and the

Le he visto, en momentos en que se imaginaba a solas con su Creador, adoptar un talante tan festivo y caballeresco y reprentar su papel con tanto ardor y conciencia, que la ilusión se contagiaba hasta el punto de hacerme creer, implícitamente, en la actitud de un Gran Ser.

Pero, ¡ay!, la vida no puede regirse solamente por estos principios, el hombre no puede vivir únicamente del *Almaviverismo.* Y el Gran Ser, habiendo fracasado en diferentes teatros, se vio obligado a descender de su altura cada noche y a cantar de media a una docena de canciones cómicas; a tocar la guitarra, a divertir a un auditorio rural y a presidir, finalmente, los intríngulis de una tómbola.

Madame Berthelini, que era arte y parte con él en estos indignos trabajos, gozaba quizá de una posición más elevada en la escala social y poseía una dignidad natural. Pero su corazón no estaba mejor colocado, puesto que eso hubiera sido imposible; y había llegado a adquirir un cierto aire de melancolía, que no dejaba, a su manera, de ser atractivo, aunque no resultaba tan agradable como la vivacidad sana, elevada e infantil de su señor.

Este, en verdad, flotaba como una cometa en viento favorable, por encima de las miserias terrenales. Las explosiones de mal humor eran frecuentes en las zonas por donde viajaba. No obstante, las nieblas de la murria y las depresiones lacrimosas no llegaban a mostrarse. Un puñetazo bien dado sobre la mesa o una actitud noble, imitada a Melingue o a Federico, apaciguaban su cólera como una venganza. Aunque el cielo se hubiera derrumbado, si él había representado correctamente su papel, se habría sentido satisfecho. Y, si no su ejemplo, el clima del hombre se reflejaba en su mujer, porque el matrimonio se amaba, y aunque parecía que caminaban por mundos diferentes, andaban siempre cogidos de la mano.

Sucedió un día que Monsieur y Madame Berthelini descendieron con dos cajas y una guitarra metida en un voluminoso estuche, en la estación del pueblecito de Castel-le-Gâchis. Un

omnibus carried them with their effects to the Hotel of the Black Head. This was a dismal, conventual building in a narrow street, capable of standing siege when once the gates were shut, and smelling strangely in the interior of straw and chocolate and old feminine apparel. Berthelini paused upon the threshold with a painful premonition. In some former state, it seemed to him, he had visited a hostelry that smelt not otherwise, and been ill received.

The landlord, a tragic person in a large felt hat, rose from a business table under the key-rack, and came forward, removing his hat with both hands as he did so.

'Sir, I salute you. May I inquire what is your charge for artists?' inquired Berthelini, with a courtesy at once splendid and insinuating.

'For artists?' said the landlord. His countenance fell and the smile of welcome disappeared. 'Oh, artists!' he added brutally; 'four francs a day.' And he turned his back upon these inconsiderable customers. An artist, had he the manners of an Almaviva, were he dressed like Solomon in all his glory, is received like a dog and served like a timid lady travelling alone.

Accustomed as he was to the rubs of his profession, Berthelini was unpleasantly affected by the landlord's manner.

'Elvira,' said he to his wife, 'mark my words: Castel-le-Gâchis is a tragic folly.'

'Wait till we see what we take,' replied Elvira.

'We shall take nothing,' returned Berthelini; 'we shall feed upon insults. I have an eye, Elvira; I have a spirit of divination; and this place is accursed. The landlord has been discourteous, the Commissary will be brutal, the audience will be sordid and uproarious, and you will take

ómnibus los llevó, con su equipaje, al hotel de la Cabeza Negra. Era un edificio lúgubre y conventual, situado en una calle estrecha, capaz de soportar un asedio una vez cerradas las puertas. El interior olía de un modo extraño a paja, chocolate y viejos ropajes femeninos. Berthelini se detuvo en el umbral con doloroso presentimiento. Parecíale que en alguna encarnación anterior, había visitado una hostería que no olía de manera diferente, siendo muy mal recibido.

El dueño, triste personaje tocado con un gran sombrero de fieltro, surgió por detrás de una mesa-escritorio colocada debajo del tablero de las llaves, y se adelantó quitándose el sombrero con ambas manos.

—Le saludo, señor. ¿Puedo saber cuánto lleva usted a los artistas?—preguntó Berthilini con cortesía a la vez insinuante y grandiosa.

—¿Para artistas?—repuso el hostelero. Se le alargó la cara y desapareció la sonrisa de bienvenida—. ¡Oh! ¡los artistas! —añadió brutalmente—. Cuatro francos diarios.

Y volvió la espalda a los insignificantes clientes. Un artista, aunque tenga los modales de un Almaviva y vaya vestido como Salomón en el apogeo de su gloria, es recibido como si fuera un perro y peor servido que una tímida dama que viaja sola.

A pesar de estar acostumbrado a las molestias propias de su profesión, Berthelini se sintió desagradablemente afectado por los modales del hostelero.

—Elvira—dijo a su mujer—, escucha bien lo que te digo. Castel-le-Gâchis es una trágica locura.

—Espera hasta ver lo que ganamos aquí—contestó Elvira.

—No nos darán nada; nos alimentarán con insultos. Tengo mucho ojo, Elvira, y también alma de adivino. Este lugar está maldito. El dueño ha estado descortés; el comisario se mostrará hecho un bruto; el público será sórdido y vociferante y tú cogerás un enfriamiento de garganta. Hemos estado

a cold upon your throat. We have been besotted enough to come; the die is cast—it will be a second Sédan.'

Sédan was a town hateful to the Berthelinis, not only from patriotism (for they were French, and answered after the flesh to the somewhat homely name of Duval), but because it had been the scene of their most sad reverses. In that place they had lain three weeks in pawn for their hotel bill, and had it not been for a surprising stroke of fortune they might have been lying there in pawn until this day. To mention the name of Sédan was for the Berthelinis to dip the brush in earthquake and eclipse. Count Almaviva slouched his hat with a gesture expressive of despair, and even Elvira felt as if ill-fortune had been personally invoked.

'Let us ask for breakfast,' said she, with a woman's tact.

The Commissary of Police of Castel-le-Gâchis was a large red Commissary, pimpled, and subject to a strong cutaneous transpiration. I have repeated the name of his office because he was so very much more a Commissary than a man. The spirit of his dignity had entered into him. He carried his corporation as if it were something official. Whenever he insulted a common citizen it seemed to him as if he were adroitly flattering the Government by a side wind; in default of dignity he was brutal from an over-weening sense of duty.

His office was a den, whence passers-by could hear rude accents laying down, not the law, but the good pleasure of the Commissary.

Six several times in the course of the day did M. Berthelini hurry thither in quest of the requisite permission for his evening's entertainment; six several times he found the official was abroad. Léon Berthelini began to grow quite a familiar figure in the streets of Castel-le-Gâchis; he became a local celebrity, and was pointed out as «the

lo bastante tontos como para venir aquí; la suerte está echada: será un segundo Sedán.

Sedán era un pueblo odioso para los Berthelinis, no sólo por patriotismo (pues eran franceses y respondían por naturaleza al familiar nombre de Duval), sino porque había sido el escenario de sus más tristes reveses. En aquel lugar estuvieron retenidos tres semanas como rehenes de la cuenta del hotel y a no ser por un sorprendente golpe de fortuna, allí hubieran seguido en prenda hasta el día de hoy. Mencionar el nombre de Sedán era para los Berthelinis algo semejante a sumarse un terremoto y un eclipse. El conde de Almaviva ladeó el sombrero con expresivo gesto de desesperación y hasta Elvira sintió como si hubiera sido invocada la mala suerte en persona.

—Pidamos el desayuno—dijo con femenino tacto.

El comisario de Policía de Castel-le-Gâchis era un comisario grande, alto, colorado, granujiento y sudoroso. Si he citado dos veces su cargo es porque tenía mucho más de comisario que de hombre. Estaba imbuido del espíritu de su cargo. Llevaba la barriga hinchada como si se tratara de algo oficial. Cada vez que escarnecía a un vulgar ciudadano, le parecía adular hábilmente al Gobierno, de rechazo. A falta de dignidad, se mostraba brutal por un exceso de sentido del deber.

Su despacho era un antro en el que los transeúntes podían oír voces descompasadas que establecían no la ley, sino la santa voluntad del comisario.

En el curso del día, el señor Berthelini corrió allá, en seis ocasiones distintas, en busca del permiso indispensable para su actuación nocturna, y en las seis ocasiones tropezó con la ausencia del funcionario. León Berthelini empezó a ser una figura familiar en las calles de Castel-le-Gâchis, se convirtió en una celebridad local y se le señalaba como «el hombre que

man who was looking for the Commissary.' Idle children attached themselves to his footsteps, and trotted after him back and forward between the hotel and the office. Léon might try as he liked; he might roll cigarettes, he might straddle, he might cock his hat a dozen different jaunty inclinations—the part of Almaviva was, under the circumstances, difficult to play.

As he passed the market-place upon the seventh excursion the Commissary was pointed out to him, where he stood, with his waiscoat unbuttoned and his hands behind his back, to superintend the sale and measerument of butter. Berthelini threaded his way through the market-stalls and baskets, and accosted the dignitary with a bow which was a triumph of the histrionic art.

'I have the honour,' he asked, 'of meeting M. le Commissaire?'

The Commissary was affected by the nobility of his address. He excelled Léon in the depth if not in the airy grace of his salutation.

'The honour,' said he, 'is mine!'

'I am,' continued the strolling-player, 'I am, sir, an artist, and I have permitted myself to interrupt you on an affair of business. To-night I give a trifling musical entertainment at the Café of the Triumphs of the Plough—permit me to offer you this little programme—and I have come to ask you for the necessary authorization.'

At the word 'artist' the Commissary had replaced his hat with the air of a person who, having condescended too far, should suddenly remember the duties of his rank.

'Go, go,' said he, 'I am busy—I am measuring butter.'

'Heathen Jew!' thought Léon. 'Permit me, sir,' he resumed aloud. 'I have gone six times already——'

'Put up your bills if you choose,' interrupted the Commissary. 'In an hour or so I will examine your papers at the office. But now go; I am busy.'

andaba buscando al comisario'. Niños ociosos seguían sus pasos y trotaban tras de él cuando iba y venía del hotel a la oficina. Ya podía León intentar cuanto quisiera, podía enrollar cigarrillos, podía despatarrarse, podía colocar su sombrero ladeándolo de doce modos y alturas diferentes... El papel de Almaviva, en aquellas circunstancias, era difícil de representar.

Al pasar en su séptima expedición por la plaza del mercado, le señalaron al comisario, que estaba allí, con el chaleco desabrochado y las manos a la espalda, vigilando la venta y el peso de la mantequilla. Berthelini se abrió camino a través de los puestos y las cestas, y dirigióse al dignatario haciendo una reverencia que era un triunfo del arte histriónico.

—¿Tengo el honor—preguntó—de hallarme ante M. le Commissaire?

Al comisario le conmovió la dignidad del saludo. Superó a León en la hondura, ya que no en el airoso donaire de su saludo.

—¡El honor—repuso—es mío!

—Yo soy, señor—continuó el cómico ambulante—artista y me he atrevido a interrumpirle en un asunto de negocios. Esta noche doy un espectáculo musical de poca importancia en el Café de los Triunfos de la Osa Mayor (permítame que le ofrezca este pequeño programa) y vengo a pedirle la autorización necesaria.

Al oír la palabra 'artista', el comisario se puso el sombrero con el gesto de una persona que, habiendo condescendido demasiado, recuerda de pronto las obligaciones de su rango.

—Ande, ande—dijo—. Estoy ocupado; estoy pesando la mantequilla.

'¡Judío ateo!', dijo para sus adentros León. Y luego, en voz alta: —Permítame, señor... He ido ya seis veces...

—Exponga sus carteles, si quiere—le interrumpió el comisario—. Dentro de una hora, más o menos, examinaré sus papeles en el despacho. Pero ahora váyase; estoy ocupado.

'Measuring butter!' thought Berthelini. 'Oh, France, and it is for this that we made '93!'

The preparations were soon made; the bills posted, programmes laid on the dinner-table of every hotel in the town, and a stage erected at one end of the Café of the Triumphs of the Plough; but when Léon returned to the office, the Commissary was once more abroad.

'He is like Madame Benoîton,' thought Léon, 'Fichu Commissaire!'

And just then he met the man face to face.

'Here, sir,' said he, 'are my papers. Will you be pleased to verify?'

But the Commissary was now intent upon dinner.

'No use,' replied, 'no use; I am busy; I am quite satisfied. Give your entertainment.'

And he hurried on.

'Fichu Commissaire!' thought Léon.

'¡Pesando mantequilla!', pensó Berthelini. '¡Oh, Francia! ¡Y para esto hicimos el 93!'

Los preparativos fueron rápidamente ejecutados; los carteles se pegaron; los programas se colocaron sobre las mesas de los comedores en todos los hoteles del pueblo y un escenario fue erigido en un rincón del Café de los Triunfos de la Osa Mayor. Pero cuando León volvió a la oficina, el comisario estaba, una vez más, ausente.

'Es como Madame Benoîton', pensó León. '¡Fichu Commissaire!'

Y en ese preciso instante se encontró frente a frente con él.

—Aquí están, señor, mis papeles. ¿Tendría usted la bondad de examinarlos?

Pero el comisario estaba resuelto a cenar.

—Es inútil—dijo—. Estoy ocupado. Me doy por satisfecho: puede usted dar su función.

Y se marchó corriendo.

'¡Fichu Commissaire!', pensó León.

CHAPTER II

THE audience was pretty large; and the proprietor of the café made a good thing of it in beer. But the Berthelinis exerted themselves in vain.

Léon was radiant in velveteen; he had a rakish way of smoking a cigarette between his songs that was worth money in itself; he underlined his comic points, so that the dullest numskull in Castel-le-Gâchis had a notion when to laugh; and he handled his guitar in a manner worthy of himself. Indeed his play with that instrument was as good as a whole romantic drama; it was so dashing, so florid, and so cavalier.

Elvira, on the other hand, sang her patriotic and romantic songs with more than usual expression; her voice had charm and plangency; and as Léon looked at her, in her low-bodied marron dress, with her arms bare to the shoulder, and a red flower set provocatively in her corset, he repeated to himself for the many hundredth time that she was one of the loveliest creatures in the world of women.

Alas! when she went round with the tambourine, the golden youth of Castel-le-Gâchis turned from her coldly. Here and there a single halfpenny was forthcoming; the net result of a collection never exceeded half a franc; and the Maire himself, after seven different applications, had contributed exactly twopence. A certain chill began to settle upon the artists themselves; it seemed as if they were singing to slugs; Apollo himself might have lost heart with such an audience. The Berthelinis struggled against the impression; they put their back into their work, they sang loud and louder, the guitar twanged like a living thing;

CAPITULO II

Había bastante público, y el dueño del Café hizo un buen negocio con la cerveza. Pero los Berthelinis se esforzaron inútilmente.

León estaba resplandeciente, vestido de terciopelo. Su manera libertina de fumar, entre una y otra canción, ya valía dinero. Subrayaba los rasgos cómicos de su actuación de forma tal que hasta el más lerdo de los zotes de Castel-le-Gâchis supiera cuándo tenía que reír; y manejaba la guitarra como era de esperar en él. En verdad, su actuación con este instrumento valía tanto como un drama romántico, por su fuerza gallarda, florida y caballeresca.

Elvira, por su parte, cantó sus patrióticas y románticas canciones con más fuerza expresiva de lo usual. Su voz resultaba encantadora y vibrante, y León, contemplándola con su escotado vestido marrón, los brazos desnudos hasta el hombro y una flor roja colocada provocativamente en el corpiño, se repetía a sí mismo, por centésima vez, que era una de las criaturas más encantadoras del mundo femenino.

Pero, ¡ay!, en cuanto ella dio la vuelta con la pandereta, la juventud dorada de Castel-le-Gâchis le volvió la espalda con frialdad. Aquí y allá cayó medio penique; el resultado total de una colecta no pasó en ningún caso de medio franco. El alcalde mismo, tras siete rondas, había contribuido, en total, con dos peniques. Los artistas empezaron a sentir un estremecimiento; parecía que cantaban para babosas, y hasta el mismísimo Apolo se habría desanimado con semejante auditorio. Los Berthelinis lucharon contra el desaliento; arrimaron el hombro a su trabajo y cantaron cada vez más alto; la guitarra vibraba como algo viviente; y, por fin, León se elevó con toda su pujanza y prorrumpió, con una convicción inimitable, cantando

and at last Léon arose in his might, and burst with inimitable conviction into his great song. 'Y a des honnêtes gens partout!' Never had he given more proof of his artistic mastery; it was his intimate, indefeasible conviction that Castel-le-Gâchis formed an exception to the law he was now lyrically proclaiming, and was peopled exclusively by thieves and bullies; and yet, as I say, he flung it down like a challenge, he trolled it forth like an article of faith; and his face so beamed the while that you would have thought he must make converts on the benches.

He was at the top of his register, with his head thrown back and his mouth open, when the door was thrown violently open, and a pair of new-comers marched noisily into the café. It was the Commissary, followed by the Garde Champêtre.

The undaunted Berthelini still continued to proclaim, 'Y a des honnêtes gens partout!' But now the sentiment produced an audible titter among the audience. Berthelini wondered why; he did not know the antecedents of the Garde Champêtre; he had never heard of a little story about postage stamps. But the public knew all about the postage stamps and enjoyed the coincidence hugely.

The Commissary planted himself upon a vacant chair with somewhat the air of Cromwell visiting the Rump, and spoke in occasional whispers to the Garde Champêtre, who remained respectfully standing at his back. The eyes of both were directed upon Berthelini, who persisted in his statement.

'Y a des honnêtes gens partout,' he was just chanting for the twentieth time; when up got the Commissary upon his feet and waved brutally to the singer with his cane.

'Is it me you want?' inquired Léon, stopping in his song.

'It is you,' replied the potentate.

su gran canción: *¡Y a des honnêtes gens partout!* Nunca había mostrado mejor su virtuosismo artístico; sentía la íntima inquebrantable convicción de que Castel-le-Gâchis era una excepción de la ley que, líricamente, proclamaba, y que estaba poblado exclusivamente por ladrones y camorristas. Y, sin embargo, digo, lanzó la canción como un reto, y la repitió como si fuera artículo de fe; y su rostro resplandecía de tal manera que hubiera podido creerse que tenía que hacer de los bancos, conversos.

Estaba en pleno agudo, con la cabeza hacia atrás y la boca abierta, cuando se abrió violentamente la puerta, dejando paso a dos recién llegados que entraron en el Café metiendo ruido. Se trataba del comisario, a quien seguía el Garde Champêtre.

El indomable Berthelini continuaba proclamando *¡Y a des honnêtes gens partout!* Pero esta vez la frase provocó risas ahogadas, pero audibles, entre el público. Berthelini se quedó perplejo, porque desconocía los antecedentes del Garde Champêtre; no había oído hablar de cierta historia referente a sellos de correos. Pero el auditorio sí estaba al corriente de todo respecto a los sellos de correo y le divirtió mucho la coincidencia.

Sentóse el comisario en una silla libre con el gesto de Cromwell visitando al *Rump* (1), hablando de cuando en cuando en voz baja con el Garde Champêtre, que permanecía de pie, respetuosamente, tras de la silla.

Ambos miraban a Berthelini, que insistía en su declamación.

—*Y a des honnêtes gens partout*—cantaba por vigésima vez cuando el comisario se puso en pie y agitó con violencia el bastón hacia el cantante.

—¿Es a mí?—inquirió León, interrumpiendo su canción.

—Sí, a usted—contestó el potentado.

---

(1) El Parlamento, que Cromwell había desalojado de opositores.

'Fichu Commissaire!' thought Léon, and he descended from the stage and made his way to the functionary.

'How does it happen, sir,' said the Commissary, swelling in person, 'that I find you mountebanking in a public café without my permission?'

'Without?' cried the indignant Léon. 'Permit me to remind you——'

'Come, come, sir!' said the Commissary, 'I desire no explanations.'

'I care nothing about what you desire,' returned the singer. 'I choose to give them, and I will not be gagged. I am an artist, sir, a distinction that you cannot comprehend. I received your permission, and stand here upon the strength of it; interfere with me who dare.'

'You have not got my signature, I tell you,' cried he Commissary. 'Show me my signature! Where is my signature?'

That was just the question; where was his signature?

Léon recognized that he was in a hole; but his spirit rose with the occasion, and he blustered nobly, tossing back his curls. The Commissary played up to him in the character of tyrant; and as the one leaned farther forward, the other leaned farther back—majesty confronting fury. The audience had transferred their attention to this new performance, and listened with that silent gravity common to all Frenchmen in the neighbourhood of the Police. Elvira had sat down, she was used to these distractions, and it was rather melancholy than fear that now oppressed her.

'Another word,' cried the Commissary, 'and I arrest you.'

'Arrest me?' shouted Léon. 'I defy you!'

'I am the Commissary of Police,' said the official.

Léon commanded his feelings, and replied, with great delicacy of innuendo—:

'So it would appear.'

'*¡Fichu Commissaire!*', pensó León mientras descendía del escenario, dirigiéndose hacia el funcionario.

—¿Cómo es posible, señor, que le encuentre haciendo el juglar en un café público sin mi consentimiento?—preguntó el comisario, esponjándose.

—¿Sin él?—gritó el indignado León—. Permítame que le recuerde...

—Vamos, vamos, señor—dijo el comisario—. No quiero explicaciones.

—No me importa nada lo que pueda usted querer—protestó el cantante—. Opto por darlas, y no me dejaré amordazar. Soy un artista, señor, honor que usted no puede comprender. Usted me dio el permiso, y estoy aquí con toda validez; que se meta conmigo quien se atreva.

—Le digo que carece usted de mi firma—gritó el comisario—. ¡Enséñemela! ¿Dónde está esa firma?

He ahí la cuestión, ¿dónde estaba la firma del comisario?

León se dio cuenta de que se había metido en un lío, pero la ocasión le levantó el espíritu y se manifestó con ira, pero noblemente, echando hacia atrás sus rizos. El comisario le replicaba en su papel de tirano, y, conforme el uno se echaba adelante el otro se echaba atrás; la majestad hacía frente a la furia. El público atendía a la nueva función escuchando con la gravedad silenciosa propia del francés, cuando se halla en las proximidades de la Policía. Elvira se había sentado. Acostumbrada a este género de interrupciones se sentía oprimida por la tristeza más que por el temor.

—¡Una palabra más, y lo detengo!—chilló el comisario.

—¡A mí me va usted a detener! ¡Lo desafío!

—Soy el comisario de Policía—dijo el funcionario.

León procuró dominarse, y repuso con delicada indirecta:

—Esa impresión da.

The point was too refined for Castel-le-Gâchis; it did not raise a smile; and as for the Commissary, he simply bade the singer follow him to his office, and directed his proud footsteps towards the door. There was nothing for it but to obey. Léon did so with a proper pantomime of indifference, but it was a leek to eat, and there was no denying it.

The Maire had slipped out and was already waiting at the Commissary's door. Now the Maire, in France, is the refuge of the oppressed. He stands between his people and the boisterous rigours of the police. He can sometimes understand what is said to him; he is not always puffed up beyond measure by his dignity. 'Tis a thing worth the knowledge of travellers. When all seems over, and a man has made up his mind to injustice, he has still, like the heroes of romance, a little bugle at his belt whereon to blow; and the Maire, a comfortable *deus ex machina,* may still descend to deliver him from the minions of the law. The Maire of Castel-le-Gâchis, although inaccessible to the charms of music as retailed by the Berthelinis, had no hesitation whatever as to the rights of the matter. He instantly fell foul of the Commissary in very high terms, and the Commissary, picked by this humiliation, accepted battle on the point of fact. The argument lasted some little while with varying success, until at length victory inclined so plainly to the Commissary's side that the Maire was fain to reassert himself by an exercise of authority. He had been out-argued, but he was still the Maire. And so, turning from his interlocutor, he briefly but kindly recommended Léon to get back instanter to his concert.

'It is already growing late,' he added.

Léon did not wait to be told twice. He returned to the Café of the Triumphs of the Plough with all expedition. Alas! the audience had melted away during his absence; Elvira was sitting in a very disconsolate attitude on the

La frase resultaba demasiado sutil para Castel-le-Gâchis, y no provocó ni una sonrisa. En cuanto al comisario, se limitó a ordenar al cantor que le siguiera a su oficina; luego dirigió con orgullo sus pasos hacia la puerta. No había otro remedio que obedecer. Así lo hizo León, con una adecuada mímica de indiferencia, aunque no pudiera negar que aquello era un bocado amargo.

El Maire se había deslizado afuera, y esperaba ya en la puerta del comisario. Ahora bien: el alcalde, en Francia, es el refugio de los oprimidos. Se coloca entre el pueblo y el tormentoso rigor de la Policía. Puede, en ocasiones, comprender lo que se le dice; no siempre le ciega, más allá de la justa medida, su cargo. Esto es algo que vale la pena que sepan los viajeros. Cuando parece que ya no hay nada que hacer y un hombre se ha resignado a la injusticia, todavía le queda, como a los héroes novelescos, un cuerno de caza pendiente del cinturón, en el que puede soplar; y el alcalde, cómodo *Deus ex machina,* puede todavía intervenir para librarle de los validos de la ley. El alcalde de Castel-le-Gâchis, aunque insensible a los encantos de la música tal como la menudeaban los Berthelinis, no dudaba en lo referente a la razón en el asunto. En seguida abordó al comisario en términos altivos, y el comisario, herido por la humillación, aceptó la batalla en el terreno planteado. La discusión duró un rato con éxito fluctuante hasta que, al fin, la victoria se inclinó tan ostensiblemente del lado del comisario, que el alcalde tuvo que resignarse con reafirmar el ejercicio de su autoridad. Le habían vencido en la discusión, pero continuaba siendo el alcalde. Así que, volviendo la espalda a su interlocutor, breve pero amablemente recomendó a León que reanudara rápidamente su concierto.

—Se está haciendo tarde—añadió.

No esperó León a que se lo dijera dos veces. Volvió al Café de los Triunfos de la Osa Mayor a toda prisa. Pero, ¡ay!, el público se había evaporado durante su ausencia; Elvira estaba sentada, con aire de desconsuelo, en el estuche de la guitarra;

guitar-box; she had watched the company dispersing by twos and threes, and the prolonged spectacle had somewhat overwhelmed her spiritis. Each man, she reflected, retired with a certain proportion of her earnings in his pocket, and she saw to-night's board and to-morrow's railway expenses, and finally even to-morrow's dinner, walk one after another out of the café door and disappear into the night.

'What was it?' she asked languidly.

But Léon did not answer. He was looking round him on the scene of defeat. Scarce a score of listeners remained, and these of the least promising sort. The minute hand of the clock was already climbing upward towards eleven.

'It's a lost battle, 'said he, and then taking up the money-box, he turned it out. 'Three francs seventy-five!' he cried, 'as against four of board and six of railway fares; and no time for the tombola; Elvira, this is Waterloo.' And he sat down and passed both hands desperately among his curls. 'O Fichu Commissaire!' he cried, 'Fichu Commissaire!'

'Let us get the things together and be off,' returned Elvira. 'We might try another song, but there is not six halfpence in the room.'

'Six halfpence!' cried Léon, 'six hundred thousand devils! There is not a human creature in the town, nothing but pigs and dogs and commissairies! Pray heaven, we get safe to bed.'

'Don't imagine things!' exclaimed Elvira, with a shudder.

And with that they set to work on their preparations. The tobacco-jar, the cigarette-holder, the three papers of shirt-studs, which were to have been the prizes of the tombola had the tombola come off, were made into a bundle with the music; the guitar was towed into the fat guitar-case; and Elvira having thrown a thin shawl about

había contemplado el desfile de los circunstantes en grupos de dos y de tres, y el prolongado espectáculo había abatido su espíritu. Cada uno de ellos, pensaba, se retiraba con una parte de las ganancias de ella en el bolsillo, y consideró su alojamiento nocturno y los gastos del tren del día siguiente, y hasta la comida de mañana, desapareciendo uno tras otro por la puerta del Café y esfumándose en la noche.

—¿Qué sucedió?—preguntó lánguidamente.

Mas León no contestó. Miraba en torno suyo el escenario de su derrota. Apenas quedaba una veintena de oyentes, y éstos pertenecían al género menos prometedor. El minutero del reloj trepaba ya hacia las once.

—Es una batalla perdida—dijo. Y volcando la caja del dinero: —¡Tres francos con setenta y cinco céntimos, para cuatro de hospedaje y seis de gastos de ferrocarril! ¡Y no tenemos tiempo para la tómbola! ¡Elvira, esto es Waterloo!—Sentóse y pasó con desesperación ambas manos por sus cabellos—. ¡Oh, *fichu Commissaire*!—gritó—*¡Fichu Commissaire!*

—Recojamos las cosas y vayámonos—repuso Elvira—. Podríamos intentar alguna otra canción, pero no hay en la sala ni seis medios peniques.

—¿Seis medios peniques?—vociferó León—. ¡Seiscientos mil demonios! ¡No hay ni un solo ser humano en el pueblo; no hay más que cerdos, perros y comisarios! Ruega al cielo que lleguemos sanos y salvos a la cama.

—¡No imagines cosas...!—exclamó Elvira, estremeciéndose.

Y con esto, empezaron a trabajar en sus preparativos. El bote del tabaco, la boquilla, los tres cartones de las botonaduras, que debieron ser premios en la tómbola, de haberse ésta celebrado, fueron empaquetados con la música; la guitarra fue metida en su voluminoso estuche; y, tras haberse echado El-

her neck and shoulders, the pair issued from the café and set off for the Black Head.

As they crossed the market-place the church bell rang out eleven. It was a dark, mild night, and there was no one in the streets.

'It is all very fine,' said Léon, 'but I have a presentiment. The night is not yet done.

vira un tenue chal sobre el cuello y los hombros, la pareja salió del café, encaminándose a *La Cabeza Negra.*

Al cruzar la plaza del Mercado, sonaron las once en la campana de la iglesia. Era una noche oscura y tibia, y las calles estaban desiertas.

—Todo está muy bien—dijo León—. Pero tengo un presentimiento. La noche no ha terminado todavía.

CHAPTER III

THE 'Black Head' presented not a single chink of light upon the street, and the carriage gate was closed.

'This is unprecedented,' observed Léon. 'An inn closed by five minutes after eleven! And there were several commercial travellers in the café up to a late hour. Elvira, my heart misgives me. Let us ring the bell.'

The bell had a potent note; and being swung under the arch it filled the house from top to bottom with surly, clanging reverberations. The sound accentuated the conventual appearance of the building; a wintry sentiment, a thought of prayer and mortification, took hold upon Elvira's mind; and, as for Léon, he seemed to be reading the stage directions for a lugubrious fifth act.

'This is your fault,' said Elvira: 'this is what comes of fancying things!'

Again Léon pulled the bell-rope; again the solemn tocsin awoke the echoes of the inn; and ere they had died away, a light glimmered in the carriage entrance, and a powerful voice was heard upraised and tremulous with wrath.

'What's all this?' cried the tragic host through the spars of the gate. 'Hard upon twelve, and you come clamouring like Prussians at the door of a respectable hotel? Oh!' he cried, 'I know you now! Common singers! People in trouble with the police! And you present yourselves at midnight like lords and ladies? Be off with you?'

'You will permit me to remind you,' replied Léon, in thrilling tones, 'that I am a guest in your house, that I am

CAPITULO III

La Cabeza Negra no arrojaba ni una rendija de luz a la calle y la puerta cochera estaba cerrada.

—Esto no tiene precedentes—observó León—. ¡Una posada cerrada a las once y cinco! ¡Si quedaban unos cuantos viajantes de comercio en el café hasta una hora avanzada! Elvira, tengo un presentimiento. Llamemos al timbre.

La campanilla tenía un sonido potente; y al ser agitada bajo el arco, llenó la casa de arriba abajo con rudas y estrepitosas vibraciones. El ruido acentuó la apariencia conventual del edificio; una sensación invernal, un pensamiento de oración y penitencia invadió la mente de Elvira. En cuanto a León, parecía estar leyendo las instrucciones para la escena en un quinto acto lúgubre.

—La culpa es tuya—dijo Elvira—. Esto es lo que sucede por imaginar cosas.

León tiró otra vez del cordón de la campanilla, y el grave tañido despertó de nuevo los ecos de la posada. Antes que éstos se hubieran apagado, brilló una luz en la entrada de coches y se oyó una potente voz que se elevaba trémula de cólera.

—¿Qué significa todo esto?—exclamó el posadero haciéndose el trágico a través de los barrotes de la puerta—. ¡Son cerca de las doce y vienen ustedes vociferando como prusianos a la entrada de un hotel respetable! ¡Oh! Ya les conozco... ¡Vulgares cantantes! ¡Gentes que anda en líos con la Policía! ¿Y se presentan ustedes a medianoche como si fuesen caballeros y damas? ¡Lárguense!

—Permítame que le recuerde—replicó León con estremecedor acento—que soy huésped en su casa; que estoy inscrito

properly inscribed, and that I have deposited baggage to the value of four hundred francs.'

'You cannot get in at this hour,' returned the man. 'This is no thieves tavern, for mohocks and night rakes and organ-grinders.'

'Brute!' cried Elvira, for the organ-grinders touched her home.

'Then I demand my baggage, 'said Léon, with unabated dignity.

'I know nothing of your baggage,' replied the landlord.

'You detain my baggage? You dare to detain my baggage?' cried the singer.

'Who are you?' returned the landlord. 'It is dark—I cannot recognize you.'

'Very well, then—you detain my baggage,' concluded Léon. 'You shall smart for this. I will weary out your life with persecutions; I will drag you from court to court; if there is justice to be had in France, it shall be rendered between you and me. And I will make you a byword—I will put you in a song—a scurrilous song—an indecent song—a popular song—which the boys shall sing to you in the street, and come and howl through these spars at midnight!'

He had gone on raising his voice at every phrase, for all the while the landlord was very placidly retiring; and now, when the last glimmer of light had vanished from the arch, and the last footstep died away in the interior, Léon turned to his wife with a heroic countenance.

'Elvira,' said he, 'I. have now a duty in life. I shall destroy that man as Eugène Sue destroyed the concierge. Let us come at once to the Gendarmerie and begin our vengeance.'

He picked up the guitar-case, which had been propped against the wall, and they set forth through the silent and ill-lighted town with burning hearts.

en ella con todo derecho y que tengo aquí depositado mi equipaje por un valor de cuatrocientos francos.

—No pueden ustedes entrar a estas horas—contestó el hombre—. Esta no es taberna de ladrones, ni de rufianes, ni de trasnochados ni de organilleros.

—¡Bruto!—chilló Elvira, a quien lo de organilleros había llegado al alma.

—Entonces exijo mi equipaje—dijo León con invencible dignidad.

—No sé nada de su equipaje.

—¿Lo retiene usted? ¿Se atreve a retener mi equipaje? —exclamó el cantante.

—Pero, ¿quién es usted? Está muy oscuro. No le puedo reconocer.

—Está bien; usted retiene mi equipaje—concluyó León—. Usted lo pagará. Haré imposible su vida a fuerza de persecuciones; le llevaré de tribunal en tribunal; si hay justicia en Francia, se ejercerá entre usted y yo. Le haré objeto de burla; le pondré en una canción... una canción difamatoria... ¡una canción indecente; una canción popular que cantarán los chicos en la calle, aullándola a medianoche a través de estos barrotes!

A cada frase había ido levantando la voz mientras el propietario iba tranquilamente retirándose. Y cuando el último destello luminoso se apagó y las últimas pisadas dejaron de oírse en el interior, León se volvió hacia su mujer con ademán heroico.

—Elvira—dijo—. Tengo ahora un deber en la vida. Destruiré a este hombre lo mismo que Eugenio Sue aniquiló al portero. Vayamos en seguida a la Gendarmería y demos comienzo a nuestra venganza.

Cogió el estuche de la guitarra, que había apoyado contra la pared, y se fueron a través del pueblo silencioso y mal iluminado con encorajinado ánimo.

The Gendarmerie was concealed beside the telegraph office at the bottom of a vast court, which was partly laid out in gardens; and here all the shepherds of the public lay locked in grateful sleep. It took a deal of knocking to waken one; and he, when he came at last to the door, could find no other remark but that 'it was none of his business.' Léon reasoned with him, threatened him, besought him; 'here,' he said, 'was Madame Merthelini in evening dress —a delicate woman—in an interesting condition'—the last was thrown in, fancy, for effect; and to all this the man-at-arms made the same answer:

'It is none of my business,' said he.

'Very well,' said Léon, 'then we shall go to the Commissary.' Thither they went; the office was closed and dark; but the house was close by, and Léon was soon swinging the bell like a madman. The Commissary's wife appeared at a window. She was a thread-paper creature, and informed them that the Commissary had not yet come home.

'Is he at the Maire's?' demanded Léon.

She thought that was not unlikely.

'Where is the Maire's house?' he asked.

And she gave him some rather vague information on that point.

'Stay you here, Elvira,' said Léon, 'lest I should miss him by the way. If, when I return, I find you here no longer, I shall follow at once to the Black Head.'

And he set out to find the Maire's. It took him some ten minutes wandering among blind lanes, and when he arrived it was already half an hour past midnight. A long white garden wall overhung by some thick chestnuts, a door with a letter-box, and an iron bell-pull, that was all that could be seen on the Maire's domicile. Léon took the bell-pull in both hands, and danced furiously upon the side-walk. The bell itself was just upon the other side of

La Gendarmería estaba oculta detrás de la oficina de telégrafos, al final de un vasto patio que, en parte, se hallaba dividido en jardines. Aquí yacían los guardianes del orden sumidos en un sueño agradecido. Tuvieron que llamar repetidas veces antes de que un guardia despertara y éste, cuando por fin llegó a la puerta, no halló otra cosa que decir sino que el asunto no le incumbía. León intentó razonar con él, le amenazó, le imploró; allí estaba, decía, Madame Berthelini en traje de noche... una mujer delicada... en estado interesante...; pienso que esto último lo dijo por causar efecto. A todo ello, el hombre de armas daba idéntica respuesta:

—No es asunto que me atañe.

—Muy bien—dijo León—entonces iremos a la Comisaría.

Allá se fueron; la oficina estaba cerrada y a oscuras, pero la casa estaba cerca, y León, como un loco, comenzó a tirar de la campanilla. La esposa del comisario se asomó a la ventana. Era una criatura con la delgadez del papel, y les informó que el comisario aún no había regresado.

—¿Estará con el alcalde?—preguntó León.

Le parecía que no era improbable.

—¿Dónde está la casa del alcalde?—inquirió.

Y ella le dio cierta vaga información sobre el particular.

—Quédate aquí, Elvira—dijo León—, no vaya a ser que me cruce con él sin verlo por el camino. Si, cuando vuelva, no te encuentro aquí, iré en seguida a *La Cabeza Negra*.

Y allá se fue en busca del alcalde. Unos minutos anduvo vagando por oscuras callejuelas; cuando llegó, eran ya las doce y media. Una larga tapia de jardín blanqueada rebasada por tupidos castaños; una puerta con su buzón y una cadena como tirador de campanilla era cuanto podía vislumbrarse del domicilio del alcalde. León cogió el tirador con ambas manos, y bailoteó con furia sobre la acera. La campana se hallaba al

the wall, it responded to his activity, and scattered an alarming clangour far and wide into the night.

A window was thrown open in a house across the street, and a voice inquired the cause of this untimely uproar.

'I wish the Maire,' said Léon.

'He has been in bed this hour,' returned the voice.

'He must get up again,' retorted Léon, and he was for tackling the bell-pull once more.

'You will never make him hear,' responded the voice. 'The garden is of great extent, the house is at the farther end, and both the Maire and his housekeeper are deaf.'

'Aha!' said Léon, pausing. 'The Maire is deaf, is he? That explains.' And he thought of the evening's concert with a momentary feeling of relief. 'Ah!' he continued, 'and so the Maire is deaf, and the garden vast, and the house at the far end?'

'And you might ring all night,' added the voice, 'and be none the better for it. You would only keep me awake.'

'Thank you, neighbour,' replied the singer. 'You shall sleep.'

And he made off again at his best pace for the Commissary's. Elvira was still walking to and fro before the door.

'He has not come?' asked Léon.

'Not he,' she replied.

'Good,' returned Léon. 'I am sure our man's inside. Let me see the guitar-case. I shall lay this siege in form, Elvira; I am angry; I am indignant; I am truculently inclined; but I thank my Maker I have still a sense of fun. The unjust judge shall be importuned in a serenade, Elvira. Set him up—and set him up.'

He had the case opened by this time, struck a few chords, and fell into an attitude which was irresistibly Spanish.

otro lado del muro; respondiendo a su actividad esparció en la vasta noche un alarmante estrépito.

Del otro lado de la calle se abrió una ventana y una voz inquirió el motivo de este alboroto a hora tan desusada.

—Quiero ver al alcalde—dijo León.

—Hace una hora que está acostado—respondió la voz.

—Tendrá que levantarse otra vez—replicó León poniéndose a tirar de la campanilla otra vez.

—No conseguirá que le oiga—dijo de nuevo la voz—. El jardín es muy grande, la casa está al final y el alcalde y su ama de llaves son sordos.

—¡Ah!—exclamó León, haciendo una pausa—. El alcalde es sordo, ¿eh? Eso lo explica todo. Y pensó en el concierto de la noche con un momentáneo sentimiento de alivio—. ¿De modo que el alcalde es sordo, el jardín grande y la casa está al final?

—Y puede usted estar llamando toda la noche sin conseguir nada—añadió la voz—. Lo único que sucederá es que no me dejará usted dormir.

—Muchas gracias, vecino—repuso el cantante—. Le dejaré dormir. Y se lanzó a su mejor paso hacia la casa del comisario. Elvira continuaba paseando de un lado a otro, ante la puerta.

—¿No ha regresado todavía?—preguntó León.

—No—respondió ella.

—Bueno. Estoy seguro de que nuestro hombre se halla dentro. Dame el estuche de la guitarra. Plantearé este asedio en forma adecuada. Estoy furioso; estoy indignado; me siento agresivo, Elvira. Sin embargo, doy gracias al Supremo Hacedor porque todavía conservo el sentido del humor. El injusto juez será importunado con una serenata. Alborotemos, pues, alborotemos...

Había abierto mientras tanto el estuche, rasgó algunas cuerdas y adoptó una actitud irresistiblemente española.

'Now,' he continued, 'feel your voice. Are you ready? Follow me!'

The guitar twanged, and the two voices upraised, in harmony and with a starting loudness, the chorus of a song of old Béranger's:

Commissaire! Commissaire!
Colin bat sa ménagère.

The stones of Castel-le-Gâchis thrilled at this audacious innovation. Hitherto had the night been sacred to repose and night-caps; and now what was this? Window after window was opened; matches scratched, and candles began to flicker; swollen sleepy faces peered forth into the starlight. There were the two figures before the Commissary's house, each bolt upright, with head thrown back and eyes interrogating the starry heavens; the guitar wailed, shouted, and reverberated like half an orchestra; and the voices, with a crisp and spirited delivery, hurled the appropriate burden at the Commissary's window. All the echoes repeated the functionary's name. It was more like an entr'acte in a farce of Molière's than a passage of real life in Castel-le-Gâchis.

The Commissary, if he was not the first, was not the last of the neighbours to yield to the influence of music, and furiously throw open the window of his bedroom. He was beside himself with rage. He leaned far over the window-sill, raving and gesticulating; the tassel of his white night-cap danced like a thing of life: he opened his mouth to dimensions hitherto unprecedented, and yet his voice, instead of escaping from it in a roar, came forth shrill and choked and tottering. A little more serenading, and it was clear he would be better acquainted with the apoplexy.

I scorn to reproduce his language; he touched upon too many serious topics by the way for a quiet story-teller.

—Ahora—dijo—afina tu voz. ¿Estás dispuesta? ¡Sígueme!

Vibró la guitarra y las dos voces se elevaron, armónicas y con inmensa sonoridad, entonando el estribillo de una canción del viejo Beranger:

'Commissaire, Commissaire!
Colin bat sa ménagère...'

Las piedras de Cartel-le-Gâchis se estremecieron ante la audaz innovación. Hasta el presente, la noche se había dedicado al descanso y los gorros de dormir; ¿qué significaba, pues, aquello? Una tras otra se abrieron las ventanas; se frotaron cerillas y las velas resplandecieron; rostros entumecidos por el sueño atisbaron a la luz de las estrellas. Allí estaban ante la casa del comisario las dos figuras erguidas, con las cabezas echadas hacia atrás y la mirada interrogando a los cielos estrellados. La guitarra gemía, gritaba y sonaba como si fuera la mitad de una orquesta; las voces, con vibrante entonación, lanzaban su oportuno estribillo a la ventana del comisario, todos los ecos repetían el nombre del funcionario, y, más que un pasaje de la vida real en Castel-le Gâchis, parecía un entreacto en una farsa de Molière.

El comisario, si no el primero, tampoco fue el último en sucumbir a la influencia de la música y abrir, furioso, de par en par la ventana de su dormitorio. La cólera le había puesto fuera de sí. Sacó el cuerpo fuera del alféizar, rabioso y gesticulante; la borla de su gorro de dormir blanco danzaba como algo viviente. Abrió la boca hasta alcanzar dimensiones sin precedentes, pero su voz, en vez de salir como un bramido, surgió chillona y temblorosa y balbuciente. Un poco más de serenata, y habría trabado mejor conocimiento con la apoplejía.

Desdeño el reproducir su lenguaje, ya que rozó términos demasiado profundos para un tranquilo narrador de historias.

Although he was known for a man who was prompt with his tongue, and had a power of strong expression at command, he excelled himself so remarkably this night that one maiden lady, who had got out of bed like the rest to hear the serenade, was obliged to shut her window at the second clause. Even what she had heard disquieted her conscience; and next day she said she scarcely reckoned as a maiden lady any longer.

Léon tried to explain his predicament, but he received nothing but threats of arrest by way of answer.

'If I come down to you!' cried the Commissary.

'Aye,' said Léon, 'do!'

'I will not!' cried the Commissary.

'You dare not!' answered Léon.

At that the Commissary closed his window.

'All is over,' said the singer. 'The serenade was perhaps ill-judged. These boors have no sense of humour.'

'Let us get away from here,' said Elvira with a shiver. 'All these people looking—it is so rude and so brutal.' And then giving way once more to passion—'Brutes!' she cried aloud to the candle-lit spectators—'brutes! brutes! brutes!'

'Sauve qui peut,' said Léon. 'You have done it now!'

And taking the guitar in one hand and the case in the other, he led the way with something too precipitate to be merely called precipitation from the scene of this absurd adventure.

Aunque tenía fama de hombre de lengua expedita, con facultades rudamente expresivas a su alcance, se excedió en tal forma aquella noche, que una solterona que se había levantado del lecho, como el resto del vecindario, para oír la serenata, se vio obligada a cerrar su ventana al llegar a la segunda frase. Sólo lo ya escuchado perturbó su conciencia; y al día siguiente manifestó que ya casi no podría considerarse de ahí en adelante como una doncella.

León trató de explicar su apuro, pero sólo recibió, a manera de respuesta, amenazas de detención.

—¡Si bajo a donde está usted!—chilló el comisario.

—Bien, hágalo—dijo León.

—¡No lo haré!—gritó el comisario.

—¡No se atreve!—replicó León.

Con esto, el comisario cerró la ventana.

—Todo ha terminado—dijo el cantor—. Quizá fuera la serenata mal juzgada. Estos patanes no tienen sentido del humor.

—Vámonos de aquí—observó Elvira estremeciéndose—. Toda esta gente que mira; es todo tan grosero y brutal.

Y luego, cediendo de nuevo al apasionamiento:

—¡Brutos!—gritó al público que estaba con las velas encendidas—. ¡Brutos, brutos, brutos!

—Sauve qui peut!—exclamó León—. ¡Buena la has armado!

Y cogiendo la guitarra en una mano y el estuche en la otra, tomó el camino algo más que apresuradamente, apartándose del lugar de su absurda aventura.

CHAPTER IV

To the west of Castel-le-Gâchis four rows of venerable lime trees formed, in this starry night, a twilit avenue with two side aisles of pitch darkness. Here and there stone benches were disposed between the trunks. There was not a breath of wind; a heavy atmosphere of perfume hung about the alleys; and every leaf stood stock-still upon its twig. Hither, after vainly knocking at an inn or two, the Berthelinis came at length to pass the night. After an amiable contention, Léon insisted of giving his coat to Elvira, and they sat down together of the first bench in silence. Léon made a cigarette, which he smoked to an end, looking up into the trees, and, beyond them, at the constellations, of which he tried vainly to recall the names. The silence was broken by the church bell; it rang the four quarters on a light and tinkling measure; then followed a single deep stroke that died slowly away with a thrill; and stillness resumed its empire.

'One,' said Léon. 'Four hours till daylight. It is warm; it is starry; I have matches and tobacco. Do not let us exaggerate, Elvira—the experience is positively charming. I feel a glow within me; I am born again. This is the poetry of life. Think of Cooper's novels, my dear.'

'Léon,' she said fiercely, 'how can you talk such wicked, infamous nonsense? To pass all night out of doors—it is like a nightmare! We shall die.'

'You suffer yourself to be led away,' he replied soothingly. 'It is not unpleasant here; only you brood. Come, now, let us repeat a scene. Shall we try Alceste and Célimène? No? Or a passage from the *Two Orphans?* Come, now, it

CAPITULO IV

Al oeste de Castel-le-Gâchis, cuatro hileras de venerables tilos formaban, en la noche estrellada, una avenida en penumbra con dos paseos laterales sumidos en completa oscuridad. Aquí y allá, había bancos de piedra colocados entre los troncos de los árboles. Ni un soplo de aire; una atmósfera perfumada y densa se esparcía por los paseos; y las hojas permanecían inmóviles en sus ramas. Aquí, al fin, después de llamar en vano en un par de posadas, vinieron los Berthelinis a pasar la noche. Tras de una cariñosa discusión, León insistió en ceder su abrigo a Elvira y, silenciosos, se sentaron en el primer banco. León lió el cigarrillo que apuró hasta el final mientras miraba los árboles y aún más allá, hacia las constelaciones cuyos nombres trataba, en vano, de recordar. Interrumpió el silencio la campana de la iglesia, que sonó los cuatro cuartos con ritmo ligero y tintineante. Luego, un solo toque grave, que murió lentamente con un estremecimiento. Y el silencio recuperó su imperio.

—La una—comentó León—. Cuatro horas para que amanezca. Está templado; está estrellado; tengo cerillas y tabaco. No exageremos, Elvira; la experiencia resulta encantadora. Siento dentro de mí como un calorcillo; estoy naciendo de nuevo. Esto es la poesía de la vida. Recuerda las novelas de Cooper, querida.

—León—dijo furiosa ella—. ¿Cómo puedes hablar de esa forma estúpida e infame? Pasar la noche al sereno... ¡es como una pesadilla! Nos moriremos...

—Te dejas llevar—repuso él suavemente—. No se está mal aquí; tú no haces más que pensar en lo pasado. Ven, vamos a ensayar una escena. ¿Probamos la de Alceste y Celimena? ¿No? ¿O un trozo de las *Dos Huerfanitas*? Ven,

will occupy your mind; I will play up to you as I never have played before; I feel art moving in my bones.'

'Hold your tongue,' she cried, 'or you will drive me mad! Will nothing solemnize you—not even this hideous situation?'

'Oh, hideous!' objected Léon. 'Hideous is not the word. Why, where woud you be? 'Dites, la jeune belle, où voulez-vous aller?' he carolled. 'Well, now,» he went on, opening the guitar-case, 'there's another idea for you—sing. Sing 'Dites, la jeune belle'! It will compose your spirits, Elvira, I am sure.'

And without waiting an answer he began to strum the symphony. The first chords awoke a young man who was lying asleep upon a neighbouring bench.

'Hullo!' cried the young man, 'who are you.'

'Under which king, Bezonian?' declaimed the artist. 'Speak or die!'

Or if it was not exactly that, it was something to much the same purpose from a French tragedy.

The young man drew near in the twilight. He was a tall, powerful, gentlemanly fellow, with a somewhat puffy face, dressed in a grey tweed suit, with a deer-stalker hat of the same material; and as he now came forward he carried a knapsack slung upon one arm.

'Are you camping out here too?' he asked with a strong English accent. 'I'm not sorry for company.'

Léon explained their misadventure; and the other told them that he was a Cambridge undergraduate on a walking tour, that he had run short of money, could no longer pay for his night's lodging, had already been camping out for two nights, and feared he should require to continue the same manoeuvre for at least two nights more.

'Luckily, it's jolly weather,' he concluded.

'You hear that, Elvira,' said Léon. 'Madame Bertheli-ni,' he went on, 'is ridiculously affected by this trifling oc-

anda; esto te distraerá; trabajaré para ti como nunca lo hice; siento que el Arte me traspasa los huesos.

—¡Cállate!—gritó ella—. O me volverás loca... ¿Es que nada te pone serio, ni siquiera esta odiosa situación?

—¡Oh! Tanto como odiosa—repuso León—. No es ésta la palabra. Porque, ¿a dónde quieres ir? *Dites, la jeune belle, oú voulez-vous aller?*, cantó. Y abriendo el estuche de la guitarra: —Bueno, ahora se me ocurre otra idea para ti: canta. Canta, *Dites, la jeune belle*. Estoy seguro de que esto te levantará el ánimo.

Y, sin esperar respuesta, comenzó a tocar la melodía. Los primeros acordes despertaron a un joven que dormía en un banco próximo.

—¡Eh!—gritó el muchacho—. ¿Quiénes son ustedes?

—¿Bajo qué rey, Bezonian?—declamaba el artista—. ¡Habla o muere!

Si no era esto exactamente, resultaba algo parecido sacado de una tragedia francesa.

El joven se aproximó en la penumbra. Era un tipo alto, fuerte, con aspecto de caballero, de rostro algo hinchado, vestido con un traje de lana gris y un sombrero de cazador de ciervos de la misma tela que el traje. Y al aproximarse traía un morral colgado del brazo.

—¿Están ustedes acampando aquí también?—preguntó con pronunciado acento inglés—. No me viene mal la compañía.

León explicó sus desventuras y el otro les contó que era estudiante en Cambridge y viajaba a pie, que se le había acabado el dinero, ya no podía pagar su alojamiento, y llevaba ya dos noches durmiendo al aire libre, y temía verse obligado a continuar idéntica maniobra durante por lo menos otras dos noches más.

—Afortunadamente, hace buen tiempo—concluyó diciendo.

—¿Oyes esto, Elvira?—dijo León—. Madame Berthelini se siente ridículamente afectada por este insignificante inci-

currence. For my part, I find it romantic and far from uncomfortable; or at least,' he added, shifting on the stone bench, 'not quite so uncomfortable as might have been expected. But pray be seated.'

'Yes,' returned the undergraduate, sitting down, 'it's rather nice than otherwise when once you're used to it; only it's devilish difficult to get washed. I like the fresh air and these stars and things.'

'Aha!' said Léon, 'Monsieur is an artist.'

'An artist?' returned the other, with a blank stare. 'Not if I know it!'

'Pardon me,' said the actor. 'What you said this moment about the orbs of heaven—'

'Oh, nonsense!' cried the Englishman. 'A fellow may admire the stars and be anything he likes.'

'You have an artist's nature, however, Mr.— I beg your pardon; may I, without indiscretion, inquire your name?' asked Léon.

'My name is Stubbs,' replied the Englishman.

'I thank you,' returned Léon. 'Mine is Berthelini—Léon Berthelini, ex-artist of the theatres of Montrouge, Belleville, and Montmartre. Humble as you see me, I have created with applause more than one important rôle. The Press were unanimous in praise of my Howling Devil of the Mountains, in the piece of the same name. Madame, whom I now present to you, is herself an artist, and I must not omit to state, a better artist than her husband. She also is a creator; she created nearly twenty successful songs at one of the principal Parisian music-halls. But, to continue, I was saying you had an artist's nature, Monsieur Stubbs, and you must permit me to be a judge in such a question. I trust you will not falsify your instincts; let me beseech you to follow the career of an artist.'

'Thank you,' returned Stubbs, with a chuckle. 'I'm going to be a banker.'

dente. A mí me parece romántico y no del todo incómodo; o, al menos (se removió en el banco de piedra), no tan incómodo como podía esperarse. Pero tenga la bondad de tomar asiento.

—Sí—replicó el estudiante sentándose—, resulta más bien agradable cuando uno se acostumbra. Lo malo es que el lavarse es algo endiabladamente difícil. Me gusta el aire libre, las estrellas y todo lo demás.

—¡Ajajá! Monsieur es un artista.

—¿Artista?—repuso el estudiante con asombro—. No, que yo sepa.

—Perdóneme—observó el actor—. Lo que acaba usted de decir sobre los astros del cielo...

—¡Oh! Bobadas—exclamó el inglés—. Un hombre puede admirar las estrellas y ser aquello que más le guste.

—Su naturaleza es de artista, sin embargo, señor... Perdóneme, si no es indiscreción, ¿puedo preguntarle su nombre?

—Me llamo Stubbs—contestó el inglés.

—Gracias; el mío es Berthelini... León Berthelini, ex artista de los teatros de Montrouge, Belleville y Montmartre. Aunque me vea humilde, he representado con éxito más de un papel importante. La prensa se mostró unánime en sus alabanzas de mi Diablo Aullador de las Montañas en la comedia del mismo nombre. Madame, a quien le presento, es también artista y, debo reconocerlo, mejor que su marido. Tiene asimismo espíritu creador; creó casi veinte canciones que fueron de gran éxito en uno de los principales *music-halls* de París... Pero, como le decía, usted posee un temperamento artístico, Monsieur Stubbs, y permítame que me erija juez en la materia. Espero que no malogre usted su inclinación; le suplico que siga la carrera de un artista.

—Gracias—repuso Stubbs con una risita—. Pienso ser banquero.

'No,» said Léon, 'do not say so. Not that. A man with such a nature as yours should not derogate so far. What are a few privations here and there, so long as you are working for a high and noble goal?'

'This fellow's mad,' thought Stubbs; 'but the woman's rather pretty, and he's not bad himself, if you come to that.' What he said was different. 'I thought you said you were an actor?'

'I certainly did so,' replied Léon. 'I am one, or, alas! I was.'

'And so you want me to be an actor, do you?' continued the undergraduate. 'Why, man, I could never so much as learn the stuff; my memory's like a sieve; and as for acting, I've no more idea than a cat.'

'The stage is not the only course,' said Léon. 'Be a sculptor, be a dancer, be a poet or a novelist; follow your heart, in short, and do some thorough work before you die.'

'And do you call all these things *art?*' inquired Stubbs.

'Why, certainly!' returned Léon. 'Are they not all branches?'

'Oh! I didn't know,' replied the Englishman. 'I thought an artist meant a fellow who painted.'

The singer stared at him in some surprise.

'It is the difference of language,' he said at last. 'This Tower of Babel, when shall we have paid for it? If I could speak English you would follow me more readily.'

'Between you and me, I don't believe I should,' replied the other. 'You seem to have thought a devil of a lot about this business. For my part, I admire the stars, and like to have them shining—it's so cheery—but hang me if I had an idea it had anything to do with art! It's not in my line, you see. I'm not intellectual; I have no end of trouble to scrape through my exams, I can tell you! But I'm not a bad sort at bottom,' he added, seeing his interlocutor looked

—No, no lo diga. Eso no. Un hombre de su temperamento no debe caer tan bajo. ¿Qué significan unas cuantas privaciones aquí y allá cuando se labora para un fin elevado y noble?

'Este individuo está loco, pensó Stubbs, pero la mujer es bonita y él mismo no es malo, si a eso vamos'. Lo que dijo fue diferente:

—Creía que había usted dicho que era usted actor.

—Sí que lo dije. Lo soy, o al menos lo era.

—De modo que quiere usted que yo sea actor, ¿verdad? Pero, hombre, si jamás sería capaz de aprenderme el papel. Mi memoria es como un colador; y en cuanto a representar, tengo de ello la misma idea que pueda tener un gato.

—La escena no es el único camino—dijo León—. Sea usted escultor, bailarín, poeta o novelista. Siga los dictados de su corazón, en resumidas cuentas, y haga algo de interés antes de morir.

—¿Y usted llama arte a todo eso?—preguntó Stubbs.

—Naturalmente! ¿Es que no son ramas del arte?

—¡Oh! No lo sabía—replicó el inglés—. Yo creía que por artista se entendía un hombre que pintaba.

El cantante le miró con sorpresa.

—Es la diferencia de idiomas—dijo al fin—. Esta Torre de Babel. ¿Cuándo terminará este castigo? Si yo supiera hablar inglés, usted me entendería mejor.

—Aquí, entre nosotros, yo no lo creo así. Usted parece que ha meditado una barbaridad sobre estas cosas. Por mi parte, admiro las estrellas y me gusta que brillen. ¡Resulta tan alegre! Pero que me ahorquen si pienso que esto pueda tener alguna concomitancia con el arte. Ya ve usted que no va conmigo. No soy intelectual; puedo asegurarle que paso grandes dificultades para aprobar mis exámenes. Pero, en el fondo, no soy malo—añadió observando que su interlocutor

distressed even in the dim star-shine, 'and I rather like play, and music, and guitars, and things.'

Léon had a perception that the understanding was incomplete. He changed the subject.

'And so you travel on foot?' he continued. 'How romantic! How courageous! And how are you pleased with my land? How does the scenery affect you among these wild hills of ours?'

'Well, the fact is,» began Stubbs—he was about to say that he didn't care for scenery, which was not at all true, being, on the contrary, only an atletic undergraduate pretension; but he had begun to suspect that Berthelini liked a different sort of meat, and substituted something else —'The fact is, I think it jolly. They told me it was no good up here; even the guide-book said so; but I don't know what they meant. I think it is deuced pretty—upon my word, I do.'

At this moment, in the most unexpected manner, Elvira burst into tears.

'My voice!' she cried. 'Léon, if I stay here longer I shall lose my voice!'

'You shall not stay another moment,» cried the actor. 'If I have to beat in a door, if I have to burn the town, I shall find you shelter.'

With that he replaced the guitar, and comforting her with some caresses, drew her arm through his.

'Monsieur Stubbs,' said he, taking off his hat, 'the reception I offer you is rather problematical; but let me beseech you to give us the pleasure of your society. You are a little embarrassed for the moment; you must, indeed, permit me to advance what may be necessary. I ask it as a favour; we must not part so soon after having met so strangely.'

parecía, incluso a la luz incierta de las estrellas, descorazonado—; y me gusta el teatro, la música, la guitarra y todo...

León comprendió que no acababan de entenderse y cambió de tema.

—¿De modo que viaja usted a pie? ¡Qué romántico! ¡Qué valeroso! ¿Y le gusta mi tierra? ¿Qué le parece el panorama de estas montañas nuestras tan abruptas?

—Bueno, el caso es...—estaba a punto de decir Stubbs que le tenía sin cuidado el paisaje, lo que no era cierto en modo alguno, siendo esto, por el contrario, solamente una atlética pose de estudiante. Pero había empezado a sospechar que a Berthelini le gustaba otro punto de vista, y modificó sus palabras—. El caso es que lo encuentro estupendo. Me habían dicho que no valía la pena esto de por aquí, y hasta la guía está de acuerdo en ello; pero no comprendo qué quieren decir. A mí me parece que es bastante hermoso; de verdad que me lo parece.

De pronto Elvira, en forma totalmente inesperada, prorrumpió en llanto.

—¡Mi voz! —gritó— ¡León, si sigo aquí más tiempo perderé la voz!

—No estarás ni un momento más—repuso el actor—. Aunque tenga que echar abajo una puerta, aunque tenga que quemar el pueblo, te encontraré un refugio.

Al decir esto, guardó la guitarra y, consolándola con unas caricias, pasó el brazo de ella por el suyo.

—Monsieur Stubbs—dijo, quitándose el sombrero—, la acogida que le ofrezco es problemática, pero permítame suplicarle que nos conceda usted el placer de su compañía. Usted, de momento, se halla un tanto apurado; permítame que le anticipe lo que le sea necesario. Se lo pido como un favor; no debemos separarnos tan pronto después de habernos conocido de tan extraña manera.

'Oh, come, you know,' said Stubbs, 'I can't let a fellow like you—.' And there he paused, feeling somehow or other on a wrong tack.

'I do not wish to employ menaces,' continued Léon with a smile; 'but if you refuse, indeed I shall not take it kindly.'

'I don't quite see my way out of it,' thought the undergraduate; and then, after a pause, he said aloud and ungraciously enough. 'All right. I—I'm very much obliged, of course.' And he proceeded to follow them, thinking in his heart, 'But it's bad form, all the same, to force an obligation on a fellow.'

—¡Oh, vamos! ¿Sabe?, yo no puedo consentir que una persona como usted...

Guardó silencio al darse cuenta de que se metía en una falsa posición.

—No deseo emplear amenazas—dijo León con una sonrisa—, pero, si usted rehúsa, de verdad que no lo tomaré a bien.

'No veo cómo salir del paso', pensó el estudiante. Luego, tras una pausa, dijo en alta voz y en tono ligeramente desabrido:

—Bien, estoy... estoy muy agradecido, desde luego.

Los siguió diciéndose para su capote: «De todos modos resulta improcedente el obligar a una persona a que quede agradecida...'

CHAPTER V

LÉON strode ahead as if he knew exactly where he was going; the sobs of Madame were still faintly audible, and no one uttered a word. A dog barked furiously in a court-yard as they went by; then the church clock struck two, and many domestic clocks followed or preceded it in piping tones. And just then Berthelini spied a light. It burned in a small house on the outskirts of the town, and thither the party now directed their steps.

'It is always a chance,' said Léon.

The house in question stood back from the street behind an open space, part garden, part turnip-field; and several outhouses stood forward from either wing at right angles to the front. One of these had recently undergone some change. An enormous window, looking towards the north, had been effected in the wall and roof, and Léon began to hope it was a studio.

'If it's only a painter,' he said with a chuckle, 'ten to one we get as good a welcome as we want.'

'I thought painters were principally poor,' said Stubbs.

'Ah!' cried Léon, 'you do not know the world as I do. The poorer the better for us!'

And the trio advanced into the turnip-field.

The light was in the ground floor; as one window was brightly illuminated and two others more faintly, it might be supposed that there was a single lamp in one corner of a large apartment; and a certain tremulousness and temporary dwingling showed that a live fire contributed to the effect. The sound of a voice now became audible; and

CAPITULO V

León marchó hacia adelante como si supiese exactamente adónde iba. Los sollozos de Madame se percibían aún débilmente; nadie decía una palabra. Desde un patio, un perro les ladró furiosamente; luego, el reloj de la iglesia dio las dos y muchos relojes hogareños le precedieron o siguieron con sonido de caramillo. De pronto, Berthelini vislumbró una luz que surgía de una casita situada en los arrabales. El grupo dirigió hacia allá sus pasos.

—Siempre es una posibilidad—dijo León.

La casa estaba retirada de la calle, detrás de un espacio abierto que era, en parte, jardín, y en parte, sembrado de nabos. Varias dependencias surgían de uno y otro lado del edificio formando ángulo recto con la fachada. En una de estas dependencias se había hecho obra recientemente. Un gran ventanal orientado al norte había sido abierto en el muro exterior y en el tejado. León tuvo esperanzas de que fuera un estudio.

—Si se trata de un pintor—dijo con una risita—apuesto diez contra una a que tendremos una acogida tan buena como la deseamos.

—Yo creía que los pintores eran, en su mayoría, pobres —comentó Stubbs.

—¡Ah! —exclamó León—. Usted no conoce el mundo tan bien como yo. ¡Cuanto más pobres sean, mejor para nosotros!

El trío se internó en el campo de nabos.

La luz estaba en el piso bajo. Como una ventana se viera muy iluminada y las otras dos más débilmente, se podría suponer que ardía una sola lámpara en un rincón de un gran aposento. Y un trémulo e intermitente decaimiento mostraba que un fuego ardiente contribuía a este efecto. En ese mo-

the trespassers paused to listen. It was pitched in a high, angry key, but had still a good, full, and masculine note in it. The utterance was voluble, too voluble even to be quite distinct; a stream of words, rising and falling, with ever and again a phrase thrown out by itself, as if the speaker reckoned on its virtue.

Suddenly another voice joined in. This time it was a woman's; and if the man were angry, the woman was incensed to the degree of fury. There was that absolutely blank composure known to suffering males; that colourless unnatural speech which shows a spirit accurately balanced between homicide and hysterics; the tone in which the best of women sometimes utter words worse than death to those most dear to them. If Abstract Bones-and-Sepulchre were to be endoved with the gift of speech, thus, and not otherwise, would it discourse. Léon was a brave man, and I fear he was somewhat sceptically given (he had been educated in a Papistical country), but the habit of childhood prevailed, and he crossed himself devoutly. He had met several women in his career. It was obvious that his instinct had not deceived him, for the male voice broke forth instantly in a towering passion.

The undergraduate, who had not understood the significance of the woman's contribution, pricked up his ears at the change upon the man.

'There's going to be a free fight,' he opined.

There was another retort from the woman, still calm but a little higher.

'Hysterics?' asked Léon of his wife. 'Is that the stage direction?'

'How should I know?' returned Elvira, somewhat tartly.

'Oh, woman, woman!' said Léon, beginning to open the guitar-case. 'It is one of the burdens of my life, Monsieur

mento pudieron distinguir el sonido de una voz; los intrusos se pararon a escuchar. La voz tenía un tono colérico y elevado, pero se percibía en ella una nota viril, llena y bondadosa. Las palabras eran volubles, incluso demasiado volubles para ser claras; un raudal de palabras que subían y bajaban, con una frase surgiendo con nitidez de cuando en cuando, como si el que hablaba tuviese en cuenta la virtud de esta frase.

De pronto, otra voz se unió a la primera. Esta vez era la de una mujer, y si el hombre se mostraba enojado, la mujer estaba colérica hasta el enfurecimiento. Se percibía esa falta de compostura que conocen los hombres dolientes; ese discurso incoloro y desprovisto de naturalidad que demuestra un espíritu que vacila entre el homicidio y la histeria; el tono con el cual la mejor de las mujeres dirige palabras peores que la muerte a aquellos que más quiere. Si el espíritu de la sepultura con los huesos tuvieran el don de la palabra, disertarían de este modo y no de otro. León era un hombre valiente, aunque temo que un tanto escéptico (había sido educado en un país papista), pero los hábitos de su niñez prevalecían y se persignó con devoción. En el ejercicio de su profesión había conocido a diversas mujeres. Era evidente que su instinto no le había engañado, pues la voz masculina estalló de repente con tremenda pasión.

El estudiante, que no había comprendido el sentido de la intervención femenina, aguzó los oídos al percibir el cambio en el hombre.

—Va a haber una lucha gratis—opinó.

Otra réplica de la mujer, todavía tranquila, aunque un poco más alta.

—¿Histerismo?—preguntó León a su mujer—. ¿Es ésa la acotación escénica?

—¿Cómo quieres que yo lo sepa?—repuso Elvira con cierta acritud.

—¡Oh, mujer, mujer!—dijo León empezando a abrir el estuche de la guitarra—. Es una de las cargas de mi vida, se-

Stubbs; they support each other; they always pretend there is no system; they say it's nature. Even Madame Berthelini, who is a dramatic artist!'

'You are heartless, Léon,' said Elvira; 'that woman is in trouble.'

'And the man, my angel?' inquired Berthelini, passing the ribbon of his guitar. 'And the man, *m'amour?*'

'He is a man,' she answered.

'You hear that?' said Léon to Stubbs. 'It is not too late for you. Mark the intonation. And now,' he continued, 'what are we to give them?'

'Are you going to sing?' asked Stubbs.

'I am a troubadour,' replied Léon. 'I claim a welcome by and for my art. If I were a banker could I do as much?'

'Well, you wouldn't need, you know,' answered the undergraduate.

'Egad,' said Léon, 'but that's true. Elvira, that is true.'

'Of course it is,' she replied. 'Did you not know it?'

'My dear,' answered Léon impressively, 'I know nothing but what is agreeable. Even my knowledge of life is a work of art superiorly composed. But what are we to give them? It should be something appropriate.'

Visions of 'Let dogs delight' passed through the undergraduate's mind; but it occurred to him that the poetry was English and that he did not know the air. Hence he contributed no suggestion.

'Something about our houselessness,' said Elvira.

'I have it,' cried Léon. And he broke forth into a song of Pierre Dupont's:

Savez-vous où gite
Mai, ce joli mois?

Elvira joined in; so did Stubbs, with a good ear and voice, but an imperfect acquaintance with the music. Léon and the guitar were equal to the situation. The actor dis-

ñor Stubbs. Se apoyan unas a otras; fingen que no hay sistema; aseguran que es (la) naturaleza. ¡Incluso Madame Berthelini, que es artista dramática!

—No tienes corazón, León; esta mujer se encuentra en un apuro.

—¿Y el hombre, ángel mío?—inquirió León mientras se ponía la cinta de su guitarra—. ¿Y el hombre, *m'amour?*

—Es un hombre—contestó ella.

—¿Oye usted esto?—dijo León a Stubbs—. No es demasiado tarde para usted. Fíjese en el tono. Y ahora, ¿qué les damos?

—¿Va usted a cantar?—preguntó Stubbs.

—Soy un trovador. Solicito una buena acogida por mi arte y para mi arte. Si fuera banquero, ¿podría hacer otro tanto?

—Bueno, creo que no lo necesitaría—repuso el estudiante.

—¡Vaya! Eso también es cierto. Elvira, es verdad.

—Claro que lo es—replicó ella—. ¿No lo sabías?

—Querida mía—dijo León en tono autoritario—, sólo conozco aquello que es agradable. Incluso mi conocimiento de la vida es una obra de arte soberanamente compuesta. Pero, ¿qué les damos? Debiera ser algo apropiado.

Visiones de *Dejad que los perros se deleiten* pasaron por la imaginación del estudiante, pero pensó que el verso era inglés y que desconocía la música. Por tanto, no pudo sugerir nada.

—Algo sobre nuestra falta de cobijo—dijo Elvira.

—¡Ya está!—exclamó León. Y se lanzó con una canción de Pierre Dupont:

Savez-vous où gite
Mai, ce joli mois?

Elvira unió su voz, y Stubbs la suya con buen tono y oído, pero con un imperfecto conocimiento de la música. León y su guitarra se pusieron a la altura de las circunstancias. El

pensed his throat-notes with prodigality and enthusiasm; and, as he looked up to heaven in his heroic way, tossing the black ringlets, it seemed to him that the very stars contributed a dumb applause to his efforts, and the universe lent him its silence for a chorus. That is one of the best features of the heavenly bodies, that they belong to everybody in particular; and a man like Léon, a chronic Endymion who managed to get along without encouragement, is always the world's centre for himself.

He alone—and it is to be noted, he was the worst singer of the three—took the music seriously to heart, and judged the serenade from a high artistic point of view. Elvira, on the other hand, was preoccupied about their reception; and, as for Stubbs, he considered the whole affair in the light of a broad joke.

'Know you the lair of May, the lovely month?' went the three voices in the turnip-field.

The inhabitants were plainly fluttered; the light moved to and fro, strengthening in one window, paling in another; and then the door was thrown open, and a man in a blouse appeared on the threshold carrying a lamp. He was a powerful young fellow, with bewildered hair an beard, wearing his neck open; his blouse was stained with oil-colours in a harlequinesque disorder; and there was something rural in the droop and bagginess of his belted trousers.

From immediately behind him, and indeed over his shoulder, a woman's face looked out into the darkness; it was pale and a little weary, although still young; it wore a dwingling, disappearing prettiness, soon to be quite gone, and the expression was both gentle and sour, and reminded one faintly of the taste of certain drugs. For all that, it was not a face to dislike; when the prettiness had vanished, it seemed as if a certain pale beauty might step in

actor prodigaba entusiásticamente sus engoladas notas; y al mirar al cielo con su gesto heroico agitando sus negros rizos, le pareció que las mismas estrellas contribuían con un aplauso mudo a su esfuerzo y que el universo le prestaba, para coro, su silencio. Esta es una de las peculiaridades más notables de los cuerpos celestes, que pertenecen a todos en particular. Y un hombre como León, eterno Endymion que se las arregló para salir adelante sin que nadie le animase, es siempre el centro del mundo para sí mismo.

El solo (y hay que hacer constar que era el que peor cantaba de los tres) tomaba la música con serio entusiasmo y juzgaba la serenata desde un punto de vista puramente artístico. Elvira, por su parte, estaba preocupada por la acogida; y en cuanto a Stubbs, consideraba todo aquello a la luz de una formidable broma. *'¿Conoce usted el cubil de mayo, el mes encantador?'*, proseguían las tres voces en el sembrado de nabos.

Los inquilinos daban claras muestras de hallarse agitados; la luz se movía de un lado a otro acentuándose en una ventana y palideciendo en otra. De pronto, se abrió de par en par la puerta, y un hombre con blusa apareció en el umbral llevando una lámpara. Era un individuo joven y fuerte, de enmarañados cabellos y barba; iba despechugado y la blusa estaba manchada de colores al óleo que le daban un aire desordenado de Arlequín. Un cierto ruralismo se percibía en la caída y amplitud de sus pantalones sujetos con cinturón.

Tras de él, justo por encima de sus hombros, asomó un rostro de mujer mirando hacia la oscuridad. Este era pálido, ligeramente fatigado a pesar de ser todavía joven, con una consumida y decadente belleza a punto de desaparecer. Su expresión era, a la vez, suave y agria y recordaba vagamente el sabor de ciertas drogas. Con todo, no era un rostro desagradable; cuando la belleza se hubiera desvanecido, tal vez cierta

to take its place; and as both the mildness and the asperity were characters of youth, it might be hoped that, with years, both would merge into a constant, brave and not unkindly temper.

'What is all this?' cried the man.

pálida hermosura viniera a sustituirla; y siendo la suavidad y la aspereza características de juventud, podría esperarse que, con los años, ambas se fundieran en un carácter constante, animoso y nada adusto.

—¿Qué significa todo esto?—gritó el hombre.

CHAPTER VI

LÉON had his hat in his hand at once. He came forward with his customary grace; it was a moment which would have earned him a round of cheering on the stage. Elvira and Stubbs advanced behind him, like a couple of Admetus's sheep following the god Apollo.

'Sir,' said Léon, 'the hour is unpardonably late, and our little serenade has the air of an impertinence. Believe me, sir, it is an appeal. Monsieur is an artist, I perceive. We are here three artists benighted and without shelter, one a woman—a delicate woman—in evening dress—in an interesting situation. This will not fail to touch the woman's heart of Madame, whom I perceive indistinctly behind Monsieur her husband, and whose face speaks eloquently of a well-regulated mind. Ah! Monsieur, Madame—one generous movement, and you make three people happy! Two or three hours beside your fire—I ask it of Monsieur in the name of Art—I ask it of Madame by the sanctity of womanhood.'

The two, as by a tacit consent, drew back from the door.

'Come in,» said the man.

'Entrez, Madame,' said the woman.

The door opened directly upon the kitchen of the house, which was to all appearance the only sitting-room. The furniture was both plain and scanty; but there were one or two landscapes on the wall handsomely framed, as if they had already visited the committee-rooms of an exhibition and been thence extruded. Léon walked up to the pictures and represented the part of a connoisseur before each in turn, with his usual dramatic insight and force.

CAPITULO VI

León se descubrió rápidamente. Adelantándose con su gracia habitual; fue un momento que le habría valido una ovación en el teatro. Elvira y Stubbs avanzaron tras de él como un par de corderos de Admeto que siguieran al dios Apolo.

—Señor—dijo León—, la hora es imperdonablemente tardía, y nuestra pequeña serenata parece una impertinencia. Créame, señor, esto es una súplica. Monsieur es un artista, por lo que veo. Somos tres artistas a quienes nos ha cogido la noche sin albergue; uno es una mujer... una mujer delicada... en traje de fiesta... en estado interesante. Esto no dejará de tocar el corazón femenino de Madame, a quien percibo confusamente detrás de Monsieur, su marido, y cuyo rostro habla elocuentemente en favor de un espíritu ordenado. ¡Ah, Monsieur, Madame... un acto generoso y harán ustedes felices a tres personas! Dos o tres horas junto a la lumbre; se lo pido, Monsieur, en el nombre del arte... se lo pido a Madame por la santidad de su condición de mujer.

Ambos, como por acuerdo tácito, se separaron de la puerta.

—Pasen—dijo el hombre.

—Entrez, Madame—exclamó la mujer.

La puerta daba directamente a la cocina de la casa, que por lo que se veía, era la única habitación para poder estar. Los muebles eran sencillos y escasos, pero había en la pared uno o dos paisajes con buenos marcos, como si hubieran visitado ya las salas de recepción de una exposición y allí hubiesen sido rechazados. León se acercó a los cuadros y los miró por turno representando el papel de experto, con su habitual y dramático poder de percepción. El dueño de la casa, como

The master of the house, as if irresistibly attracted, followed him from canvas to canvas with the lamp. Elvira was led directly to the fire, where she proceeded to warm herself, while Stubbs stood in the middle of the floor and followed the proceedings of Léon with mild astonishment in his eyes.

'You should see them by daylight,' said the artist.

'I promise myself that pleasure,' said Léon. 'You possess, sir, if you will permit me an observation, the art of composition to a T.'

'You are very good,' returned the other. 'But should you not draw nearer to the fire?'

'With all my heart,' said Léon.

And the whole party was soon gathered at the table over a hasty and not an elegant cold supper, washed down with the least of small wines. Nobody liked the meal, but nobody complained; they put a good face upon it, one and all, and made a great clattering of knives and forks. To see Léon eating a single cold sausage was to see a triumph; by the time he had done he had got through as much pantomime as would have sufficed for a baron of beef, and he had the relaxed expression of the over-eaten.

As Elvira had naturally taken a place by the side of Léon, and Stubbs as naturally, although I believe unconsciously, by the side of Elvira, the host and hostess were left together. Yet it was to be noted that they never addressed a word to each other, nor so much as suffered their eyes to meet. The interrumped skirmish still survived in ill-feeling; and the instant the guests departed it would break forth again as bitterly as ever. The talk wandered from this to that subject—for with one accord the party had declared it was too late to go to bed; but those two never relaxed towards each other; Goneril and Regan in a sisterly tiff were not more bent on enmity.

It chanced that Elvira was so much tired by all the

si se viera irresistiblemente atraído, le seguía de cuadro en cuadro con la luz. A Elvira la condujeron directamente al hogar, en donde pudo calentarse, mientras que Stubbs, en medio del piso, seguía los movimientos de León con ligero asombro pintado en el rostro.

—Debería usted verlos a la luz del día—dijo el artista.

—Espero tener ese placer—repuso León—. Posee usted, señor (y permítame la observación), hasta un grado sumo el arte de la composición.

—Es usted muy bueno—replicó el otro—. Pero, ¿no quiere usted arrimarse a la lumbre?

—Con toda mi alma—exclamó León.

Y todos ellos se sentaron a poco en torno a la mesa para tomar una precipitada y poco distinguida cena fría regada con un vinillo de los menos buenos. A nadie le gustó la comida, pero nadie se quejó; le pusieron buena cara, repiqueteando mucho con cuchillos y tenedores. Ver a León tomando una salchicha fría resultaba un verdadero triunfo; al terminarla, había hecho tanta pantomima como si hubiera ingerido una contra de vaca, y adoptaba la actitud descansada del que está ya harto de comer.

Como Elvira, naturalmente, se había instalado al lado de León, y como Stubbs, con la misma naturalidad, aunque creo que inconscientemente, al lado de Elvira, el anfitrión y su mujer se quedaron juntos. Observábase, sin embargo, que no se dirigían una sola palabra, ni consentían que sus miradas tropezasen. La interrumpida refriega seguía latente; y en el punto en que se marcharan los huéspedes, continuaría con la acritud de antes. La conversación giró en torno de este y aquel tema (pues la tertulia había declarado mutuamente que era ya tarde para ir acostarse), pero la pareja no se hacía la menor concesión mutua. Goneril y Regan, en fraternal pelea, no hubieran sido más hostiles.

Y sucedió que Elvira, harto fatigada por las pequeñas

little excitements of the night, that for once she laid aside her company manners, which were both easy and correct, and in the most natural manner in the world leaned her head on Léon's shoulder. At the same time, fatigue suggesting tenderness, she locked the fingers of her right hand into those of her husband's left; and, half closing her eyes, dozed off into a golden borderland between sleep and waking. But all the time she was aware of what was passing, and saw the painter's wife studying her with looks between contempt and envy.

It occurred to Léon that his constitution demanded the use of some tobacco; and he undid his fingers from Elvira's in order to roll a cigarette. It was gently done, and he took care that his indulgence should in no other way disturb his wife's position. But it seemed to catch the eye of the painter's wife with a special significancy. She looked straight before her for an instant, and then, with a swift and stealthy movement, took hold of her husband's hand below the table. Alas! she might have spared herself the dexterity. For the poor fellow was so overcome by this caress that he stopped with his mouth open in the middle of a word, and by the expression of his face plainly declared to all the company that his thoughts had been diverted into softer channels.

If it had not been rather amiable, it would have been absurdly droll. His wife at once withdrew her touch; but it was plain she had to exert some force. Thereupon the young man coloured and looked for a moment beautiful.

Léon and Elvira both observed the by-play, and a shock passed from one to the other; for they were inveterate match-makers, especially between those who were already married.

'I beg your pardon,' said Léon suddenly. 'I see no use in pretending. Before we came in here we heard sounds indicating—if I may so express myself—an imperfect harmony.'

emociones de la noche, prescindió por una vez de sus modales de sociedad, que eran naturales y correctos, y, del modo más espontáneo del mundo, reclinó su cabeza en el hombro de León. Al mismo tiempo, naciendo la ternura de la fatiga, entrelazó los dedos de su mano derecha con los de la mano izquierda de su marido y, con los ojos semicerrados, se adormeció en la dorada frontera entre el sueño y la vigilia. No obstante, no dejaba de advertir cuanto en derredor suyo pasaba, y vio que la mujer del pintor la observaba con expresión mezcla de desdén y envidia.

Se le ocurrió a León que su naturaleza le requería el empleo de tabaco y separó sus dedos de los de Elvira para poder liar un cigarrillo. Lo hizo con cuidado, procurando que la satisfacción de su vicio no turbara más la postura de su mujer. Pero, al parecer, captó la mirada de la esposa del pintor con un especial significado. Miró absorta frente a sí por un momento, y luego, con un rápido y furtivo ademán, cogió la mano de su marido por debajo de la mesa. Pudo, ¡ay! haberse ahorrado la artimaña, pues el pobre hombre quedó tan subyugado por la caricia, que se detuvo en mitad de una palabra con la boca abierta. La expresión de su rostró mostró bien a las claras que sus pensamientos se desviaban hacia corrientes más dulces.

De no haber sido tan cariñoso, hubiese resultado absurdamente gracioso. La esposa retiró al momento la mano, pero vio bien claro que tuvo que hacerlo a la fuerza. Y en eso el joven se sonrojó, pareciendo bello por unos instantes.

León y Elvira observaban el juego, y un estremecimiento les recorrió de uno a otro; pues eran inveterados componedores de parejas, especialmente de aquellas que habían contraído ya matrimonio.

—Perdónenme—dijo de pronto León—. Creo que es inútil disimular. Antes de entrar aquí oímos ciertos sonidos que parecían indicar (si puedo decirlo así) una imperfecta armonía.

'Sir——' began the man.

But the woman was beforehand.

'It is quite true,' she said. 'I see no cause to be ashamed. If my husband is mad I shall at least do my utmost to prevent the consequences. Picture to yourself, Monsieur and Madame,' she went on, for she passed Stubbs over, 'that this wretched person—a dauber, an incompetent, not fit to be a sign-painter—receives this morning an admirable offer from an uncle—an uncle of my own, my mother's brother, and tenderly beloved—of a clerkship with nearly a hundred and fifty pounds a year, and that he—picture to yourself!—he refuses it! Why? For the sake of Art, he says. Look at his art, I say—look at it! Is it fit to be seen? Ask him—is it fit to be sold? And it is for this, Monsieur and Madame, that he condemns me to the most deplorable existence, without luxuries, without comforts, in a vile suburb of a country town. O non!' she cried, 'non—je ne me tairai pas—c'est plus fort que moi! I take these gentlemen and this lady for judges—is this kind? is it decent? is it manly? Do I not deserve better at his hands after having married him and'—(a visible hitch)—'done everything in the world to please him?'

I doubt if there were ever a more embarrassed company at a table; every one looked like a fool; and the husband like the biggest.

'The art of Monsieur, however,' said Elvira, breaking the silence, 'is not wanting in distinction.'

'It has this distinction,' said the wife, 'that nobody will buy it.'

'I should have supposed a clerkship——' began Stubbs.

'Art is Art,' swept in Léon. 'I salute Art. It is the beautiful, the divine; it is the spirit of the world, and the pride of life. But——' And the actor paused.

'A clerkship——' began Stubbs.

—Señor...—comenzó el hombre.

Pero la mujer se le adelantó.

—Es cierto—dijo—. No veo por qué he de avergonzarme. Si mi marido está loco, al menos he de hacer lo posible para evitar las consecuencias. Imagínense, Monsieur y Madame —prosiguió, prescindiendo de Stubbs—, que esta desdichada persona, pintamonas e incompetente, que no sirve ni para pintor de muestras, recibe esta mañana una admirable oferta de un tío..., un tío mío, hermano de mi madre, a quien quiero mucho, de un empleo de escribiente dotado con cerca de ciento cincuenta libras anuales, y que él, ¡imagínense ustedes!, la ha rechazado. ¿Por qué? Por amor al Arte, dice. Y miren ustedes su arte... ¡mírenlo! ¿Creen ustedes que es digno de verse? Pregúntenle... si es digno de venderse. Y por eso, Monsieur y Madame, me condena a una existencia miserable, sin lujos, sin comodidades, en el vil suburbio de un pueblo. ¡Oh, no! *Non... je ne me tairai pas... c'est plus fort que moi!* Tomo a este caballero y a esta señora por jueces. ¿Es esto amable? ¿Es decente? ¿Es de hombre? ¿No merezco yo más, después de haberme casado con él y (tartamudeó por un momento) haber hecho todo lo posible en el mundo para complacerle?

Dudo de que en torno a una mesa pudiera haber una tertulia más desconcertada. Todos tenían aire de idiotas; el más grande, el marido.

—El arte del señor, sin embargo—dijo Elvira, rompiendo el silencio—, no carece de distinción.

—La distinción consiste—repuso la mujer—en que nadie lo compra.

—Pienso que un empleo de escribiente...—empezó a decir Stubbs.

—El Arte es el Arte—interrumpió León—. Yo saludo al Arte. Es lo bello, lo divino, el espíritu del mundo y el orgullo de la vida. Pero...—el actor se interrumpió.

—Un empleo de escribiente...—insistió Stubbs.

'I'll tell you what it is,' said the painter. 'I am an artist, and as this gentleman says, Art is this and the other; but of course, if my wife is going to make my life a piece of perdition all day long, I prefer to go and drown myself out of hand.'

'Go!' said his wife. 'I should like to see you!'

'I was going to say,' resumed Stubbs, 'that a fellow may be a clerk and paint almost as much as he likes. I know a fellow in a bank who makes capital watercolour sketches; he even sold one for seven-and-six.'

To both the women this seemed a plank of safety; each hopefully interrogated the countenance of her lord; even Elvira, an artist herself!—but indeed there must be something permanently mercantile in the female nature. The two men exchanged a glance; it was tragic; not otherwise might two philosophers salute, as the end of a laborious life each recognized that he was still a mystery to his disciples.

Léon arose.

'Art is Art,' he repeated sadly. 'It is not watercolour sketches, nor practising on a piano. It is a life to be lived.'

'And in the meantime people starve!' observed the woman of the house. 'If that's a life, it is not one for me.'

'I'll tell you what,' burst forth Léon; 'you, Madame, go into another room and talk it over with my wife; and I'll stay here and talk it over with your husband. It may come to nothing, but let's try.'

'I am very willing,' replied the young woman; and she proceeded to light a candle. 'This way, if you please.' And she led Elvira upstairs into a bedroom. 'The fact is,' said she, sitting down, 'that my husband cannot paint.'

—Le diré lo que pasa—explicó el pintor—. Yo soy un artista, y, como dice el caballero, el Arte es esto y lo otro. Mas, por supuesto, si mi mujer va a hacer de mi vida una perdición que se prolongue todo el día, prefiero ahogarme de una vez.

—Anda—dijo la mujer—. ¡Me gustaría verlo!

—Iba a decir—continuó Stubbs—que un hombre puede ser escribiente y pintar casi cuanto guste. Conozco a un individuo que está en un Banco y pinta excelentes acuarelas. Incluso ha vendido una por siete chelines seis peniques.

A ambas mujeres esto les pareció una tabla de salvación; cada una inspeccionó esperanzadamente el rostro de su señor; incluso Elvira, ¡artista ella!... Pero, desde luego, debe de haber algo de constante mercantilismo en la naturaleza femenina. Los dos hombres se miraron; resultaba trágico; no de otra manera se hubiesen saludado dos filósofos al final de una vida de trabajo, después de haber reconocido cada uno que continuaba siendo un misterio para sus discípulos.

León se puso en pie.

El Arte es el Arte—repitió con tristeza—. No es unas acuarelas, ni practicar el piano. Es una vida que tiene que vivirse.

—¡Y, mientras tanto, la gente que se muera de hambre! —observó la dueña de la casa—. Si eso es una vida, desde luego no es para mí.

—Le diré—exclamó León—. Usted, Madame, váyase a otra habitación y hable de ello con mi mujer. Yo me quedaré aquí y trataré el asunto con su marido. Es posible que no resulte en nada, pero probemos.

—Estoy dispuesta—replicó la joven, que encendió una vela—. Por aquí, tenga la bondad...

Y condujo a Elvira al piso de arriba, entrando en una alcoba.

—El caso es—dijo, sentándose—que mi marido no sabe pintar.

'No more can mine act,' replied Elvira.

'I should have thought he could,' returned the other; 'he seems clever.'

'He is so, and the best of men besides,' said Elvira; 'but he cannot act.'

'At least he is not a sheer humbug like mine; he can at least sing.'

'You mistake Léon,' returned his wife warmly. 'He does not even pretend to sing; he has too fine a taste; he does so for a living. And, believe me, neither of the men are humbugs. They are people with a mission—which they cannot carry out.'

'Humbug or not,' replied the other, 'you came very near passing the night in the fields; and, for my part, I live in terror of starvation. I should think it was a man's mission to think twice about his wife. But it appears not. Nothing is their misison but to play the fool. Oh!' she broke out, 'is it not something dreary to think of that man of mine? If he could only do it, who would care? But no —not he—no more than I can!'

'Have you any children?' asked Elvira.

'No; but then I may.'

'Children change so much,' said Elvira, with a sigh.

And just then from the room below there flew up a sudden snapping chord on the guitar; one followed after another; then the voice of Léon joined in; and there was an air being played and sung that stopped the speech of the two women. The wife of the painter stood like a person transfixed; Elvira, looking into her eyes, could see all manner of beautiful memories and kind thoughts that were passing in and out of her soul with every note; it was a piece of her youth that went before her; a green French plain, the smell of apple-flowers, the far and shining ringlets of a river and the words and presence of love.

—Tampoco el mío sabe representar—repuso Elvira.

—Pues yo pensé que sí; parece inteligente.

—Lo es—replicó Elvira—. Y además, el mejor de los hombres. Pero no sabe actuar.

—Al menos, no es un farsante consumado como el mío. Sabe al menos cantar.

—Se equivoca usted respecto a León—dijo su esposa con viveza—. Ni siquiera pretende cantar; tiene demasiado buen gusto; lo hace sólo como medio de vida. Y, créame, ninguno de los dos son farsantes. Son personas que tienen una misión... que no pueden cumplir.

—Farsante o no—contestó la otra—, han estado ustedes a punto de pasar la noche en el campo. En cuanto a mí, vivo aterrada ante la idea de morirme de hambre. Pienso que la misión de un hombre es acordarse de su mujer. Pero parece que no es a sí. Su única misión es hacer el tonto. ¡Ay! ¿no es triste el pensar en este hombre mío? Si al menos supiera hacerlo, ¿quién diría nada? Pero no; no es más capaz que yo.

—¿Tiene usted hijos?—preguntó Elvira.

—No, pero puedo tenerlos.

—Los hijos lo cambian tanto—dijo Elvira suspirando.

De pronto, procedente de la habitación de abajo, se oyó el tañido de la cuerda de una guitarra; al primero siguieron otros. Sonó la voz de León, y una melodía tocada y cantada interrumpió la charla de las dos mujeres. La esposa del pintor parecía transfigurada; Elvira, mirándola a los ojos, pudo darse cuenta de que bellos recuerdos y amables pensamientos pasaban por su alma a través de las notas. Era un pasaje de su juventud que desfilaba ante ella; una verde llanura de Francia, el aroma de la flor del manzano, las lejanas y brillantes ondas de un río, las palabras y la presencia del amor.

'Léon has hit the nail,' thought Elvira to herself. 'I wonder how.'

The how was plain enough. Léon had asked the painter if there were no air connected with courtship and pleasant times; and having learnt what he wished, and allowed an interval to pass, he had soared forth into

Ô mon amante,
Ô mon désir,
Sachons cueillir
L'heure charmante!

'Pardon me, Madame,' said the painter's wife, 'your husband sings admirably well.'

'He sings that with some feeling,' replied Elvira critically, although she was a little moved herself, for the song cut both ways in the upper chamber; 'but it is as an actor and not as a musician'

'Life is very sad,' said the other; 'it so wastes away under one's fingers.'

'I have not found it so,' replied Elvira. 'I think the good parts of it last and grow greater every day.'

'Frankly, how would you advise me?'

'Frankly, I would let my husband do what he wished. He is obviously a very loving painter; you have not yet tried him as a clerk. And you know—if it were only the possible father of your children—it is as well to keep him at his best.'

'He is an excellent fellow,' said the wife.

They kept it up till sunrise with music and all manner of good fellowship; and at sunrise, while the sky was still temperate and clear, they separated on the threshold with a thousand excellent wishes for each other's welfare. Castel-

'León ha dado en el clavo', dijo Elvira para sus adentros. 'Quisiera saber cómo.'

El 'cómo' estaba claro. León había preguntado al pintor si no recordaría una canción relacionada con su cortejo y tiempos placenteros. Enterado de lo que buscaba, y después de dejar pasar un rato, se remontó hasta aquello:

'O mon amante,
O mon désir,
Sachons cueillir
L'heure charmante!'

—Perdón, Madame—dijo la esposa del pintor—. Su marido canta admirablemente.

—Canta esto con cierto sentimiento—repuso Elvira en tono de crítica a pesar de que ella estaba también un poco conmovida, porque la canción obraba como un arma de dos filos en la habitación de arriba—. Pero, lo hace como actor y no como músico.

—La vida es muy triste—dijo la otra—; se nos escapa entre los dedos.

—No lo creo así—repuso Elvira—. Pienso que lo mejor de ella dura y aumenta cada día.

—Con franqueza, ¿qué me aconsejaría usted?

—Francamente, yo dejaría a mi marido que hiciese lo que anhela. Indiscutiblemente, es un pintor muy amante; usted no lo conoce todavía como escribiente. Y, sabe usted, aunque sólo fuera como el posible padre de sus hijos, vale más tenerle como mejor es.

—Es un hombre excelente—dijo la esposa.

Estuvieron hasta el amanecer oyendo música en perfecta camaradería; y, al alba, cuando el cielo se mostraba aún claro y benigno, se separaron en el umbral con miles de buenos deseos para la felicidad de todos. Castel-le-Gâchis comenzaba

le-Gâchis was beginning to send up its smoke against the golden East; and the church bell was ringing six.

'My guitar is a familiar spirit,' said Léon, as he and Elvira took the nearest way towards the inn, 'it resuscitated a Commissary, created an English tourist, and reconciled a man and wife.'

Stubbs, on his part, went off into the morning with reflections of his own.

'They are all mad,' thought he, 'all mad—but wonderfully decent.'

a dirigir el humo hacia el dorado oriente; las campanas de la iglesia daban las seis.

—Mi guitarra es un espíritu familiar—dijo León, mientras él y Elvira tomaban el camino más corto hacia la posada—. Resucitó a un comisario, engendró un turista inglés y reconcilió a un hombre con su esposa.

Stubbs, por su parte, salió a la mañana con reflexiones propias.

'Todos están locos', pensaba. 'Todos locos... pero asombrosamente honrados.'